Matières Premières

Advanced Topics on

Modern France

British Library Cataloguing in Publication Data
Stroud, Mark
Matières Premières
I. Title
448

ISBN 0 340 64827 9

First published 1996
Impression number   10 9 8 7 6 5 4 3 2 1
Year   1999 1998 1997 1996

Typeset by Wearset, Boldon, Tyne and Wear.
Printed in Great Britain for Hodder & Stoughton Educational, a division of Hodder Headline Plc, 338 Euston Road, London NW1 3BH by The Bath Press, Avon.

Sommaire

Sommaire

Introduction

PURPOSE AND SCOPE

As its title implies, **Matières Premières** provides intermediate and advanced students of French with the raw materials on which to approach a study of modern France. The course consists of twelve dossiers based on themes related to current issues in France, with particular emphasis on the commercial, industrial and socio-economic life of the country.

The selection and presentation of the texts and exercises are designed to cover two years of a modular, applied languages degree or diploma course, and will also be useful in preparing for the higher examinations of the RSA, Institute of Linguists and London Chamber of Commerce, and for NVQs.

TEXTS AND EXERCISES

The French texts for study are drawn from newspaper and magazine articles, while the supporting activities are designed to promote a high level of student participation through the definitions, comprehension questions and exercises, translations and presentations. Each section offers ample opportunity for aural, oral and written work in French.

Students working through these twelve dossiers will:

- study a wide range of styles, vocabulary and expressions used in dealing with numerous aspects of contemporary French life;
- exploit their acquisitions by carrying out the supporting assignments;
- practise written and aural/oral skills through the graded activities in sections A, B and C;
- evaluate their progress by completing the written and oral presentations in sections D and E.

LAYOUT

Each dossier contains the following five sections.

A An INTRODUCTORY TEXT of between 300 and 400 words for close study and translation (if required). This text is supported by the following activities:

- **Lexique**: definitions in French of between fifteen and twenty key words and expressions for study and exploitation;
- **Vrai ou faux?**: six statements for verification, in French;
- **Vous avez la parole**: six key ideas drawn from the text for short, impromptu oral presentations.

B A longer COMPREHENSION TEXT of between 600 and 700 words for reading and study. This text is supported by the following activities:

- **Lexique**: definitions in French of between fifteen and twenty key words and expressions for study and exploitation;
- **Questions**: twelve questions on the text, in French, for oral or written replies;
- **Résumé**: a written summary, in French or English.

C An INTERVIEW with a prominent or representative figure for aural comprehension. This text is supported by the following activities:

- **Lexique**: a vocabulary in English of the less familiar words and expressions in the text;
- **Questions**: ten questions in English;
- **Exposé**: an oral presentation in French on some aspect of the interview.

D A THEME of approximately 200 words in English for translation into French, composed on a related theme so as to draw on the vocabulary, expressions and contents of the preceding texts.

This text is supported by a **Lexique** of useful words and expressions given in French only, to be checked carefully before use.

E PRESENTATIONS ET DEBATS, centred on another aspect of the theme of the dossier, and outlining the following activities in French:
- an **Exposé**, to be completed as an individual, prepared oral presentation;
- an **Interview**, to be completed as prepared pairwork;
- a **Discussion**, to be completed as prepared groupwork in the form of a meeting, round table, etc.

These activities are supported by a brief outline and a list of relevant themes drawn from the preceding texts to be covered in the presentations.

EXPRESSION OF THANKS

The author wishes to express his sincere thanks to Franck Duval and Marie-Blanche Simac for their help in the preparation of the texts and exercises in French, and particularly to Béatrice Le Bihan who read the entire manuscript and made many invaluable comments and suggestions. The author also wishes to express his thanks to Julie Hill at Hodder & Stoughton Educational for all her editorial support and comments, and her suggestions for illustrations in this book. Any errors or inaccuracies remain the responsibility of the author.

A cassette recording of all the interviews in Section C is available separately (ISBN 0340 64828 7) and the transcripts of these interviews are reproduced at the back of this book. Model translations for Section D: Thème are supplied with the accompanying cassette.

LA FRANCE : REGIONS ET DEPARTEMENTS

dossier

L'EMPLOI ET LE TRAVAIL

1A   *Eviter les licenciements*

LE PARTAGE DU TRAVAIL DANS LES ENTREPRISES

L'emploi, l'emploi, l'emploi. La révolution industrielle, imposée depuis 20 ans par le progrès de l'automatisation dans tous les secteurs d'activité, a malgré tout développé l'emploi. Mais pas assez pour absorber la totalité des générations montantes. Au point de parvenir, faute de recettes efficaces, à une sacralisation de l'emploi aboutissant peu à peu à faire tomber de solides tabous. Le dernier en date n'est pas le moins important: la flexibilité salariale. Depuis 2 ans, la récession économique et la compétition internationale ont conduit nombre d'entreprises à proposer à leurs salariés des aménagements du temps de travail pour améliorer la productivité et éviter ou réduire les licenciements. De fait, cette souplesse, dont le cadre légal a été établi par la loi quinquennale sur l'emploi, se traduit pour les salariés par des réductions de rémunération ou par de moindres augmentations de salaires.

Depuis plus d'un an, accords et négociations vont bon train dans les entreprises, grandes ou moyennes. Avec un florilège de formules. Ainsi, selon Jeanine Freiche, directrice d'études à Entreprise et Personnel (observatoire social des entreprises), le lissage annuel du temps de travail a permis de supprimer le paiement d'une grande quantité d'heures supplémentaires. Dans d'autres cas, la réduction du temps de travail s'est accompagnée d'une réduction proportionnelle des salaires. C'est le cas à Potain (grues), SKF-Avallon (mécanique), Montabert (mécanique), ou encore chez Christofle (orfèvrerie). Parfois, les salariés acceptent une réduction du temps de travail accompagnée d'une perte de revenus limitée, comme chez Sextant-Avionique: 1h 30 de travail en moins par semaine, mais baisse de 2% du salaire net. Ailleurs, le mi-temps a été fortement encouragé, comme à la Snecma ou chez Thomson-CS.

Dans d'autres entreprises, on se contente d'encourager, par des primes, des congés sans solde ou des formations pour les salariés. Ou encore des départs en préretraite progressive, l'entreprise s'engageant à payer les cotisations nécessaires pour permettre au salarié de percevoir, le moment venu, une retraite à taux plein. Au-delà des débats sur le partage du travail — et des salaires — les innovations se multiplient sur le terrain. Avec un double risque, selon Jeanine Freiche, qui organise le 2 juin une journée d'études sur la flexibilité du temps de travail en Europe: la remise en cause des principes qui ont fondé le droit social depuis la Libération, dangereuse pour la cohésion sociale, et le développement du . . . travail au noir.

Jean-Louis Alcaïde, *InfoMatin*, 17 février 1994

LEXIQUE

éviter les licenciements   empêcher que les salariés ne perdent leur emploi

le partage du travail   la répartition du temps de travail de façon équitable pour favoriser l'emploi

la révolution industrielle   la transformation du monde moderne qui s'est produite grâce au développement de la technique

le progrès de l'automatisation   les innovations dans le domaine de la mécanique, qui permettront une exécution automatique de tâches industrielles, administratives, etc.

tous les secteurs de l'activité   le secteur primaire (agriculture, pêche), le secteur secondaire (industrie) et le secteur tertiaire (services)

la totalité des générations montantes   le nombre total de personnes qui naissent jour après jour

faute de recettes efficaces   Les moyens, les procédés sont insuffisants

une sacralisation de l'emploi   on attribue à l'emploi un caractère sacré, qui ne doit pas être violé

faire tomber de solides tabous   supprimer tous les préjugés sur l'emploi

la flexibilité salariale   la souplesse au niveau de la rémunération perçue par les employés

les aménagements du temps de travail   la modification ou la réduction des heures travaillées dans la semaine

la loi quinquennale sur l'emploi   la loi qui a rendu légal l'aménagement des horaires de travail (cette loi dure cinq ans)

un florilège de formules   une grande sélection de moyens pour éviter les licenciements

l'observatoire social des entreprises   une association où des recherches sont faites dans le domaine des relations humaines et sociales

le lissage annuel   la répartition régulière du temps de travail sur l'année

des congés sans soldes   la possibilité de prendre des congés durant l'année sans percevoir de rémunération

des départs en préretraite progressive   de plus en plus de salariés partent en retraite anticipée (généralement 5 ans avant l'âge normal de la retraite)

une retraite à taux plein   le montant de la

retraite est à son maximum

la flexibilité du temps de travail la souplesse des horaires de travail

le travail au noir celui qui est effectué en infraction à la législation du travail, qui n'est pas déclaré

VRAI OU FAUX?

Justifiez votre réponse.

1 La révolution industrielle a fortement contribué au développement de l'emploi.

2 Le but de la réduction du temps de travail est de créer de nouveaux emplois.

3 Une meilleure gestion des horaires de travail peut empêcher d'avoir recours aux heures supplémentaires.

4 Les salariés ne semblent pas vraiment réticents à une diminution de leurs heures de travail.

5 Le risque du départ en préretraite est de ne recevoir qu'une partie de la somme normalement perçue à la retraite.

6 Le partage du travail n'est pas sans conséquences et présente certains dangers.

VOUS AVEZ LA PAROLE

Précisez vos connaissances sur:

- les heures supplémentaires
- la réduction du temps de travail
- la baisse du salaire net
- les congés sans solde
- le partage du travail
- le travail au noir.

1B *Marché du travail*

LA GALERE D'UN PETIT PATRON DE L'ANPE

Marc Audibert est l'un des cadres de la plus grande entreprise de France: l'Agence nationale pour l'emploi, 13 000 agents et 3 millions de «clients». Comme les 700 autres responsables d'antennes ANPE de France, il n'a guère le temps de chômer. Depuis vingt ans qu'il est «dans la maison», il n'a jamais autant travaillé, avec les douze agents de l'ANPE de Brignoles, qu'il dirige.

A peine sortent-ils de l'opération «900 000 chômeurs de longue durée» qu'ils doivent faire face à l'afflux d'inscriptions. En deux mois, 800 chômeurs supplémentaires sont venus s'ajouter aux 5 000 inscrits de Brignoles et de ses environs. Le soleil du Var et la nonchalance provençale n'arrivent pas à masquer la réalité: le chômage est, ici, largement supérieur à la moyenne nationale. L'agriculture a débauché depuis longtemps, les dernières mines de bauxite ont fermé voilà deux ans, les petites entreprises du bâtiment «dégraissent» depuis quelques mois à tour de bras. Conséquence: 20% des actifs sont sans emploi. Dans certaines localités voisines, comme Saint-Maximin, le taux atteint même 30%. «L'économie du Var est tombée si bas que cela ne peut que redémarrer», veut espérer Marc Audibert. D'ailleurs, deux implantations possibles d'entreprises devraient entraîner la création de 300 emplois et permettraient de dégonfler un peu le stock des clients de l'agence.

Ce poste, c'est un peu le bâton de maréchal de Marc Audibert. Entré en 1971 à l'ANPE alors qu'il était au chômage, cet ancien typographe, «provençal et autodidacte», sera à la retraite dans quelques mois. A 60 ans, il cédera sa place à un «jeune» chef comme on les aime maintenant, à la direction de l'ANPE. «Mais je n'ai pas attendu la mode pour gérer mon agence en vrai patron», grommelle-t-il. A 7h 30, tous les matins, il arrive dans «son» ANPE, un bâtiment neuf en

sortie de ville, qu'il partage avec les ASSEDIC. «Je branche les micro-ordinateurs, je vérifie que tout fonctionne bien. Si j'ai le temps, je lis les notes de service qu'envoie la direction générale.» Une petite demi-heure plus tard, les employés arrivent.

«Le pire, c'est le premier lundi du mois, constate-t-il. Les gens licenciés en fin de mois viennent tous s'inscrire d'un coup.» Quand 20 à 30 personnes attendent leur tour, tous les agents, y compris le directeur, sont mobilisés. Plus question de proposer aux demandeurs d'emploi des rendez-vous personnalisés.

Marc Audibert prie pour que ces matins-là ses agents ne soient pas malades. «Nous sommes une petite agence, il y a peu d'absentéisme. Mais, entre les maladies, les vacances et les formations, nous sommes rarement plus de dix sur le pont.» Même les conseillers – ex-prospecteurs-placiers – cœur du dispositif de l'ANPE, doivent épauler leurs collègues en cas de coup de feu. Il y a toujours une tâche en retard: afficher les offres sur les panneaux le matin, trier les convocations renvoyées par les chômeurs l'après-midi, répondre au téléphone, expliquer que, pour les allocations, il faut s'adresser aux ASSEDIC, pas à l'ANPE ...

Depuis 1981 qu'il est à Brignoles, Marc Audibert a tissé des relations suffisamment personnelles avec les employeurs pour savoir qui va embaucher. Il connaît également les règles non écrites du marché du travail. «Ici, nous avons beaucoup de vignerons qui recourent à des étrangers au moment des vendanges. Je leur dis: Faites-le, d'accord, mais vous me prenez aussi des chômeurs.» Le quotidien d'un directeur d'ANPE, c'est aussi de s'accommoder des coutumes locales. Dans le Midi, le travail au noir est une activité reconnue. «On sait bien qui sont les faux chômeurs dans une petite commune. De temps en temps, j'en convoque un. Les autres font plus attention après. Et puis, ça recommence . . .»

A Brignoles, l'opération «chômeurs de longue durée» s'est traduite par 70 radiations temporaires sur 1 500 intéressés. Là aussi, il a fallu être coulant dans les cas les plus dramatiques. Véritable manager, ou assistant social? Marc Audibert ne sait plus très bien ce qui prime dans son métier.

Patrick Coquidé, *Le Point*, 31 décembre 1992

LEXIQUE

une antenne ANPE   une petite succursale de l'Agence nationale pour l'emploi

«dans la maison»   dans l'entreprise

la nonchalance provençale   l'insouciance typique des habitants du sud de la France

«dégraisser»   licencier les employés

à tour de bras   de façon importante, en grand nombre

redémarrer   fonctionner à nouveau, s'améliorer

dégonfler le stock   diminuer le nombre de chômeurs inscrits à l'agence

un bâton de maréchal   le couronnement de sa carrière

Assedic   l'Association pour l'emploi dans l'industrie et le commerce, association qui gère les allocations de chômage

un demandeur d'emploi   un chômeur à la recherche d'un emploi

être sur le pont   être présent et prêt à travailler

un prospecteur-placier   un fonctionnaire chargé de recenser les emplois disponibles et de les proposer aux chômeurs

le cœur du dispositif   le centre de l'organisation du système

un coup de feu   une activité intense de dernière minute

les allocations   les sommes versées pour charges de famille

le quotidien d'un directeur   le travail de tous les jours d'un directeur d'agence

les radiations temporaires   les exclusions de faux chômeurs pour une durée déterminée

être coulant   être indulgent

QUESTIONS

1 Combien de personnes l'ANPE emploie-t-elle dans toute la France, et combien de chômeurs y sont inscrits?

2 Que représentent les chiffres 800 et 5 000 pour l'agence de Brignoles?

3 Quels facteurs expliquent l'afflux de chômeurs dans cette région?

4 Quel fait pourrait diminuer légèrement le nombre de chômeurs dans la région de Brignoles?

5 Quelle a été la carrière de Marc Audibert?

6 Comment dirige-t-il son agence?

7 Pourquoi le directeur de l'agence redoute-t-il le premier lundi du mois?

8 A quels problèmes d'organisation doit-il faire face lors de ces lundis?

9 Quelles sont les conséquences de ces problèmes sur l'organisation du travail dans l'agence?

10 Comment Marc Audibert profite-t-il de ses relations avec les employeurs de cette région?

11 De quels autres problèmes le directeur de l'agence doit-il s'occuper au niveau local?

12 Quelle attitude a-t-il adoptée pendant l'opération «chômeurs longue durée»?

RESUMÉ

Faites le résumé de cet article en 200 mots.

1C *Travail dominical*

LE COMMERCE NE MERITE PAS UN CHEQUE EN BLANC

Une interview de Nicole Notat, secrétaire générale adjointe de la CFDT (Confédération Française Démocratique du Travail).

QUESTIONS

1 How does the interviewer define the charter drawn up by the association named Le Dimanche?

2 To what extent does Nicole Notat agree with this interpretation of the charter?

3 How does the CFDT view the effects of Sunday trading on the employees?

4 According to Nicole Notat, how should Sunday working be organised?

5 Why does Nicole Notat argue in favour of a legal framework for Sunday working?

6 Is the CFDT opposed to Sunday trading in all cases?

7 How would legislation affect Sunday trading in tourist areas?

8 Does the CFDT accept that Sunday trading would create more jobs?

9 Does Nicole Notat agree that there is a link between employment and consumer demand?

10 What comparison does Nicole Notat draw between Sunday trading and industrial working hours?

LEXIQUE

une ouverture sociale *a social breakthrough*
déplacé(e) *uncalled-for, out of place*
au regard de *concerning, as regards*

une contrepartie *compensation, return*
majoritairement *in most cases*
il y a matière à *there is room for*
la précarité *precariousness, insecurity*
prévoir (p.p. prévu) *to anticipate, provide for*
un planning *programme, schedule, rota*
parvenir à *to manage to, succeed in*
être en mesure de *to be in a position to (do sth)*
être le dindon de la farce *to be cheated*
un encadrement législatif *legal framework*
la modification des mentalités *the change in attitudes*
une évolution sociale *social change*
un projet de loi *(parliamentary) bill*
une grande avancée *a big improvement, step forward*
être sensible à *to be aware (of sth)*
la masse du pouvoir d'achat disponible *the total purchasing power available*
on risque d'assister davantage à *there is more likely to be*
une conjoncture incertaine *an unsettled economic climate*
il y a un pas *there is a (considerable) step*
élargir les plages d'ouverture *to lengthen opening hours*
les nocturnes (f. pl.) *late opening (of shops)*
des modulations à expérimenter *adjustments worth trying out*

EXPOSE

Faites un exposé oral sur les réactions de Nicole Notat au travail dominical et à ses conséquences pour les salariés français.

1D   *Thème*

THE SHORTER WORKING WEEK

In order to maintain an acceptable level of employment, an increasing number of French firms are nowadays encouraging their employees to consider the question of work sharing. According to the director of studies at a well-known research establishment, this situation is not only the result of the economic recession, but is also one of the consequences of international competition. 'We have found,' she continues, 'that work sharing and the removal of overtime have, in fact, raised productivity in many companies and helped them avoid redundancies. Generally speaking, very few employees are against a shorter working week, provided that their loss of income is not too great.'

A certain number of firms have carried out surveys among their employees in order to learn their views on a range of measures put forward. Most of the employees said that they would be prepared to accept part-time jobs if bonuses were offered, while others indicated that they would gladly take unpaid holidays or time off for training. On the other hand, as it has already been pointed out, these agreements may well bring about an increase in social tensions, as workers who are worried about a fall in their standard of living often have to resort to moonlighting in order to compensate for their loss of income.

LEXIQUE

convenable
réfléchir à
selon
un centre de recherches
résulter de
constater
la suppression
permettre à qn de
s'opposer à
à condition que
effectuer un sondage
se déclarer prêt à
un congé-formation
faire remarquer
entraîner
une montée
se voir obligé(e) de
avoir recours à
compenser

1E   *Présentations et débats*

L'AMENAGEMENT DU TEMPS DE TRAVAIL

1 Le DRH d'une PME fait une présentation sur les mesures adoptées dans son entreprise, afin de faire face aux problèmes du travail et de l'emploi survenus ces derniers temps.

Imaginez cette présentation dans un Centre de Conférences.

2 Le directeur d'une grande surface est interviewé par une télévision locale sur les nouvelles heures d'ouverture mises en place depuis le début de l'année.

Réalisez cette interview dans un studio de télévision.

3 Le patron d'une agence ANPE organise une journée d'études sur les moyens les plus efficaces pour combattre le chômage au niveau régional.

Organisez cette table ronde avec des représentants de tous les secteurs concernés: direction, encadrement, employés, responsables syndicaux, demandeurs d'emploi.

Thèmes à discuter

1 La récession économique
2 Le taux de chômage régional
3 La concurrence étrangère
4 Les gains de productivité
5 La flexibilité salariale
6 Les licenciements et la préretraite
7 Le partage du travail
8 Le travail à temps partiel
9 Les heures supplémentaires
10 Le travail de nuit et les nocturnes
11 Le travail dominical
12 Le travail au noir

dossier 2
LA VIE DES ENTREPRISES

2A Restructuration

NOVALLIANCE RECHERCHE DE NOUVEAUX ALLIES

Alain Mallart, président de Novalliance, le reconnaît aisément: son tout jeune groupe sera contraint de négocier avant la fin de l'année un partenariat avec une grande société de services, «la Générale des eaux, la Lyonnaise ou — pourquoi pas? — une entreprise étrangère». Cette alliance portera notamment sur l'exploitation de Garonor, une entreprise entrée dans le giron de Novalliance en 1990 et spécialisée dans la conception, la construction, le financement et l'organisation de parcs d'activités logistiques.

Garonor figure aujourd'hui au premier rang de la profession en Europe et gère cinq sites: Aulnay-sous-Bois, Le Bourget, Cergy-Pontoise, Melun-Sénart et Annecy. L'opération permettrait au groupe de bénéficier d'un apport d'argent frais, mais surtout, elle faciliterait des collaborations plus étroites pour ce qui concerne l'informatique et la recherche-développement.

Car le petit empire bâti en quelques années par Alain Mallart à partir d'une entreprise de travail temporaire achetée en 1982 traverse une crise de croissance. Il faudra attendre l'année 1990 pour qu'apparaisse enfin clairement la vocation de Novalliance: services aux entreprises et logistique. La société – qui s'est progressivement enrichie de la Compagnie générale de papier, de diverses sociétés de transport et, à partir de 1988, d'un service logistique – amorce un tournant historique avec l'acquisition, il y a trois ans, du transporteur Mory et de Garonor. L'arrivée de Mory pèsera lourdement sur les comptes, au point d'entraîner Novalliance dans le rouge en 1992, avec 96 millions de francs de pertes.

Alain Mallart, président de Novalliance avec son équipe

Tous ces rachats ont en outre augmenté son endettement, jusqu'à susciter une pression des banquiers en faveur de cession d'actifs. Le choix stratégique a été fait au détriment des activités de fabrication. Novalliance a parallèlement entrepris de réduire son endettement: «Nous avons vendu ces derniers mois 500 millions de francs de participations», précise Alain Mallart, conscient de l'urgence de ces opérations. Ces cessions en cours de négociation accéléreront le processus. Mais selon Alain Mallart, les désinvestissements décidés dans les domaines de la mode (Ted Lapidus) et du vin (Château Listrac) seraient d'une autre nature, patrimoniale. Il est difficile dans ces circonstances d'imaginer Novalliance

avalant son concurrent, la Sceta, propriétaire de Calberson et filiale de la SNCF. Cette dernière n'est officiellement pas privatisable et les banquiers sont plus que prudents.

Yannick Le Bourdonnec, *L'Expansion*, 9/22 septembre 1993

LEXIQUE

un partenariat   une mise en commun des compétences de deux ou plusieurs entreprises
entrer dans le giron de   être racheté par
un parc d'activités logistiques   un centre de stockage et de distribution
au premier rang de   en tête de, à la première place de
un apport d'argent frais   une somme d'argent nouvellement reçue et qui est disponible
bâtir un empire   s'agrandir en rachetant d'autres entreprises
une entreprise de travail temporaire   une société d'intérim, c'est-à-dire qui propose des emplois à durée déterminée
une crise de croissance   un moment critique dans son expansion
s'enrichir de   racheter (une société de plus)
amorcer un tournant historique   commencer une nouvelle étape importante
peser lourdement sur ses comptes   coûter cher à la société
entraîner dans le rouge   plonger la société dans le déficit
des cessions d'actifs   la société doit vendre une part de son capital
vendre des participations   vendre des actions
les désinvestissements   la vente des actifs, du capital et/ou des actions
d'une nature patrimoniale   sous forme d'immobilier et/ou de terre
avaler son concurrent   faire disparaître son adversaire

VRAI OU FAUX?

Justifiez votre réponse.

1 Le groupe Novalliance se trouve aujourd'hui dans la nécessité de s'allier à une autre entreprise.

2 Le seul objectif de cette alliance serait d'aider le groupe financièrement.

3 Le rôle de Novalliance est d'offrir une aide efficace aux entreprises afin qu'elles se développent.

4 En 1992, le rachat du transporteur Mory a rendu bénéficiaire le groupe Novalliance.

5 Pour alléger son endettement, le groupe a été contraint de céder des parts de son capital social.

6 Dans les circonstances présentes, Novalliance n'éprouve aucun problème de compétitivité.

VOUS AVEZ LA PAROLE

Précisez vos connaissances sur:

- ■ la restructuration
- ■ un partenariat
- ■ la recherche-développement
- ■ une entreprise de travail temporaire
- ■ un service logistique
- ■ un concurrent.

✳ 2B *Création d'entreprises* ✳

DES CLUBS POUR OSER ENTREPRENDRE

Monter une entreprise et créer son emploi: ils ont été 170 997, tirés par un esprit d'indépendance ou poussés par le chômage, à franchir le pas l'an dernier, dont 34% de demandeurs d'emploi. Reste que le parcours d'un créateur est semé d'embûches. Où trouver un financement, rencontrer un fournisseur, dans quel matériel investir en priorité? Toutes ces questions et bien d'autres se posent à des candidats souvent mal armés pour y répondre.

En 1979, le premier club de créateurs et repreneurs d'entreprise naît à Angers, sous l'impulsion d'un groupe de jeunes créateurs et avec l'aide de la Chambre de commerce et d'industrie (CCI) locale. Depuis, l'idée a fait son chemin. Dix ans après, la Fédération française des clubs de créateurs et repreneurs d'entreprise voit le jour.

Elle rassemble 47 clubs sur les quelque 90 disséminés dans toute la France. «Le but d'un club est simple, explique son président Claude-Michel Brody. Il s'agit de rompre l'isolement des nouveaux chefs d'entreprise, et de leur permettre d'éviter les bêtises irréparables qui conduisent à la cessation d'activité. En moyenne, une jeune entreprise sur deux disparaît au bout de cinq ans. Pour nos adhérents, c'est une sur cinq.»

Si les clubs de créateurs ont largement essaimé, le mouvement reste encore informel. Certains départements ont plusieurs clubs, d'autres en sont totalement dépourvus. Plus ennuyeux pour les créateurs intéressés, les services offerts dépendent du tissu économique régional et des accords passés avec la CCI.

Exclusivement destinés aux chefs d'entreprises industrielles ou de services aux entreprises, le club d'Annecy rassemble une quarantaine d'adhérents. Permanente à la CCI, Patricia Filliard s'occupe de l'intendance. «Nous favorisons les échanges informels, indique-t-elle. Le nouvel adhérent bénéficie de l'expérience des plus anciens, des astuces qu'ils ont pu trouver et qui ne figurent dans aucun bouquin. Quand il aura acquis de l'expérience, ce sera son tour de donner des conseils. Présents dans les mêmes secteurs, les chefs d'entreprise partagent un grand nombre de préoccupations. L'ambiance est conviviale et les échanges portent toujours sur des problèmes concrets.» Avantages supplémentaires, le club d'Annecy permet d'obtenir des tarifs préférentiels auprès de certains fournisseurs et accorde des prêts d'honneur sur dossier.

A l'opposé, le club de Val-d'Oise-Yvelines n'instaure aucune sélection à l'entrée. Industriels, professions libérales, commerçants, tous sont admis. Autre singularité, le club se consacre exclusivement aux porteurs de projets et laisse le suivi des jeunes entreprises à la CCI. «Nous organisons une réunion mensuelle gratuite dans sept lieux différents, explique sa présidente, Janine Meurin. Chaque fois, une équipe composée d'un permanent de la CCI, d'un ancien créateur adhérent, d'un avocat et d'un expert-comptable, écoute, répond aux questions, donne des précisions. Il y a rarement plus d'une vingtaine de participants et chacun a le temps de présenter son problème particulier.»

Une fois leur projet réalisé, les créateurs peuvent adhérer (500F par an) et figurer dans l'annuaire de 250 noms. Seule entorse à cette règle, une cellule de crise peut être sollicitée par un chef d'entreprise adhérent en difficulté. Elle est toujours constituée de spécialistes extérieurs au club. «Je ne crois pas aux réunions où les entrepreneurs se déshabillent devant leurs collègues pour solliciter des conseils, estime Janine Meurin. Ils trouvent des solutions à leur problème grâce au réseau relationnel constitué à travers le club, ou profitent de l'aide de la cellule de crise.»

Du chef d'entreprise, ravi des services proposés par son club, à l'entrepreneur qui l'accuse de blabla, les réactions des utilisateurs sont diverses. «Normal, souligne Dominique Menta, de l'Agence nationale pour la création d'entreprises (ANCE), les clubs sont un peu des auberges espagnoles. Mais nombre d'entre eux sont des sources de compétence non négligeables.» Pour ce qui est de leur efficacité, la spécialiste est plus prudente. «Il n'y a aucune statistique précise. On sait juste que les entrepreneurs accompagnés, mieux formés et ouverts sur l'extérieur, se cassent moins la figure.»

Eric Béal, *Libération*, 17 mars 1994

LEXIQUE

monter une entreprise   créer une entreprise

franchir le pas   se décider à commencer quelque chose

semé d'embûches   plein de pièges, d'obstacles

un repreneur d'entreprise   quelqu'un qui rachète une entreprise

faire son chemin   évoluer, gagner du terrain

rompre l'isolement   éviter de travailler seul, sans aucun soutien

la cessation d'activité   la fermeture de l'entreprise

le tissu économique régional   le réseau régional des acteurs économiques

un permanent   un salarié qui travaille à temps complet

s'occuper de l'intendance   être responsable de la gestion financière

une ambiance conviviale   une atmosphère amicale, agréable

un tarif préférentiel   des prix spéciaux souvent moins élevés

un prêt d'honneur   de l'argent prêté avec garanties de remboursement sur l'honneur

un porteur de projets   une personne ayant des projets en tête

figurer dans l'annuaire   avoir son nom dans l'annuaire

la seule entorse   la seule exception

une cellule de crise   un groupe de personnes réunies pour résoudre un ou des problèmes urgents

un réseau relationnel   un ensemble de liaisons, de relations entre les adhérents du club

les auberges espagnoles   un lieu où chacun apporte ses propres idées

se casser la figure   échouer, faire faillite

QUESTIONS

1 Quels problèmes les créateurs d'entreprise risquent-ils de rencontrer?

2 Quelle a été l'évolution des clubs de créateurs et repreneurs d'entreprises?

3 Quel est le but de ces clubs?

4 La répartition de ces clubs est-elle uniforme sur le territoire français?

5 De quoi bénéficie tout nouvel adhérent au club d'Annecy?

6 Quelle est la logique qui s'installe par la suite?

7 De quels avantages les adhérents du club d'Annecy peuvent-ils jouir?

8 Quelle est la particularité du club de Val-d'Oise-Yvelines?

9 Quel est le rôle de chaque équipe mise en place par le club de Val-d'Oise-Yvelines?

10 Dans quel cas sollicite-t-on une cellule de crise? Par qui est-elle constituée?

11 Par quel moyen trouve-t-on des solutions aux problèmes rencontrés?

12 Quel est, selon Dominique Menta, l'avantage de ces clubs pour leurs adhérents?

RESUME

Faites le résumé de cet article en 200 mots.

2C   *Pernod-Ricard*

LES SPIRITUEUX DANS LE MARCHE UNIQUE

Une interview de Patrick Ricard, le Président-directeur général du groupe Pernod-Ricard.

QUESTIONS

1 What is Patrick Ricard's reaction to the Maastricht agreements?

2 Is Patrick Ricard in favour of economic and monetary union? What role does he see for the ECU?

3 How did Pernod-Ricard prepare for the single European market? Why?

4 What different arrangements has Pernod-Ricard made for three European countries?

5 How does Pernod-Ricard intend to cope with the different models of trade in Europe? Why?

6 How will developments in Europe affect the distribution of Pernod-Ricard's brands?

7 Which exceptions to this European strategy does Patrick Ricard mention?

8 How does Pernod-Ricard's position in Europe affect its operations in south-east Asia?

9 What consideration, according to Patrick Ricard, is likely to restrict expansion abroad?

10 What is Pernod-Ricard's policy concerning the personnel in its companies outside France?

LEXIQUE

nos gouvernants (m. pl.)   *our rulers*
compte tenu de   *considering, in view of*
la concurrence   *(business) competition*
prendre du poids   *to gain weight, influence*
un fonctionnaire   *civil servant*
sanctionner   *to sanction, punish*
un contrepoids   *counterweight, counterbalance*
un pare-feu   *fire-break, protection*
la fiscalité   *tax system*
un taux   *rate*
s'échelonner   *to be spaced out, range*
tabler sur   *to count on, reckon on*
influer sur   *to influence, have an influence on*
une eurocentrale d'achat   *European central purchasing office*
un impératif   *necessity, priority*
une marque   *brand, make*
qui plus est   *furthermore*
encombré(e)   *saturated (market)*
appuyer sur   *to rest on, be based on*
mettre les bouchées doubles   *to get stuck in, put on a spurt*
ne pas aller plus vite que la machine   *to go about things steadily, step by step*
par voie amicale   *by common agreement*
disposer de   *to have (at one's disposal)*
un collaborateur   *colleague*
les gens du pays   *the locals, the local people*
gêner   *to hamper, hinder*

EXPOSE

Faites un exposé oral sur les opinions de Patrick Ricard concernant l'intégration européenne et les conséquences pour sa société.

2D   *Thème*

RUNNING YOUR COMPANY

Setting up and running your own company is never an easy matter. As every young company head discovers, you have to cope with a number of problems, such as, for example, obtaining financing, finding a supplier or choosing business premises. However, France currently has some 90 clubs which are intended to help young entrepreneurs get off to a good start in business. New members receive help from experienced company heads who pass on their knowledge and their ideas. Although some members think that these clubs lack imagination, others freely admit that they were very glad to have been supported in their early days.

When other problems arise, any firm may run into debt. Such was the case of Novalliance. The group was then advised to sell off some of its assets and take money out of fashion and wine. In view of the current crisis in his development plan, the Novalliance chairman has decided to link up with another company. This alliance should bring a considerable injection of finance, and allow Novalliance to develop in the fields of information technology and research. Besides teething troubles and financial problems, company heads are now having to meet the challenge of the single market and make sure that they can achieve a European dimension.

LEXIQUE

gérer une entreprise
chose facile
faire face à
des locaux commerciaux
dont le but est de
bien démarrer
transmettre
le savoir
manquer de
avouer
volontiers
soutenir
dans leurs débuts
risquer de
s'endetter
céder des actifs
désinvestir
un programme de développement
un apport financier
non négligeable
les difficultés initiales
relever le défi de
faire en sorte que

2E   *Présentations et débats*

LA RESTRUCTURATION DE L'ENTREPRISE

1 Le directeur d'un parc d'activités logistiques fait un discours sur les problèmes de restructuration rencontrés au cours de l'année écoulée.

Imaginez cette présentation faite devant le Conseil d'Administration.

2 Le directeur général d'une entreprise de transport routier est interviewé par la radio locale à propos d'un partenariat qu'il vient de négocier avec un groupe national.

Réalisez cette interview dans un studio de radio.

3 Le président d'un club de créateurs organise la réunion mensuelle afin de traiter des problèmes d'un nouvel adhérent.

Organisez cette réunion en convoquant une équipe composée des membres suivants: le président du club, un permanent de la CCI, un ou deux anciens créateurs, le nouvel adhérent.

Thèmes à discuter

1 La création de l'entreprise
2 Comment obtenir un financement
3 Le club des créateurs
4 Un tournant historique
5 La restructuration de l'entreprise
6 Une crise de croissance
7 Comment réduire l'endettement
8 Comment négocier un partenariat
9 Un apport d'argent frais
10 La vocation de l'entreprise
11 Le marché unique
12 Une dimension européenne

L'AGRICULTURE ET LA PÊCHE

3A   Port de pêche

BOULOGNE-SUR-MER TIRE SON EPINGLE DU JEU

Comme les Bretons, les pêcheurs boulonnais connaissent une certaine mévente du poisson, mais l'ensemble de la filière production-transformation-consommation s'en sort mieux qu'en Bretagne. C'est pourquoi, tout en effectuant une grève de solidarité avec leurs homologues bretons, les pêcheurs de Boulogne ne sont pas montés en première ligne. Ils se sont refusés à toute manifestation violente, estimant que le mal dénoncé ne provenait pas exclusivement des importations de poissons, dont le port nordiste est la principale entrée.

Premier port de pêche français, Boulogne s'est doté d'un outil exceptionnel qui en fait le premier centre européen de transformation et de distribution des produits de la mer. Plus de 200 entreprises travaillent sur la zone de Capecure (60 hectares de quais, 300 000 mètres cubes d'entrepôts frigorifiques). En 1991, un plan de modernisation de l'ensemble de l'activité de pêche, portant sur un milliard de francs, a été mis en place. Semi-privé, semi-public, il en est à mi-parcours de son application. L'an dernier, le port boulonnais a traité 230 000 tonnes de poisson dont 70 000 en provenance de la pêche locale et 160 000 importées de Hollande, Norvège, Islande, Danemark et Suède. Les besoins en matière première fraîche ou congelée de Capecure font de la criée de Boulogne le «Wall Street» du marché européen du poisson.

Depuis plusieurs années, le port nordiste a misé sur les industries de transformation des produits de la mer qui lui ont donné un second souffle. La consommation des ménages français en poisson surgelé ne dépasse-t-elle pas les 100 000 tonnes alors qu'elle s'élevait à 55 000 tonnes voici dix ans? Faut-il dès lors penser que les importations sont à l'origine des maux des pêcheurs bretons, comme semblent l'affirmer leurs représentants? Ce serait une erreur, dit-on à Boulogne. La pêche bretonne est tournée davantage vers des produits plus nobles (lottes, crustacés . . .), plus onéreux et donc plus touchés par la crise. «Elle supporte aussi, précise Patrick Leduc, vice-président des Affaires maritimes et directeur de Nord Pêcherie, la concurrence puissante de l'aquaculture, notamment pour le saumon.»

Est-ce donc l'efficacité de la plate-forme logistique de Boulogne qui permet aux pêcheurs nordistes d'être mieux rétribués qu'ailleurs? En effet, car tandis qu'en Bretagne les prix ont baissé, ici toutes les espèces font plus que maintenir leurs cours. En trois mois, les prix du cabillaud et du lieu noir ont augmenté de 9% et celui du maquereau a plus que doublé.

Jean Valbay, *Le Figaro économie*, 4 février 1994

LEXIQUE

tirer son épingle du jeu se sortir habilement d'une situation difficile ou délicate

les pêcheurs boulonnais les pêcheurs qui sont rattachés au port de Boulogne-sur-Mer

une mévente une vente faible, voire à perte, du poisson

leurs homologues bretons les pêcheurs bretons qui ont le même statut

monter en première ligne être à la tête du mouvement de grève

le port nordiste le port situé dans le département du Nord-Pas-de-Calais

se doter de s'enrichir de quelque chose, prendre possession de

les produits de la mer tous les poissons et crustacés (en provenance de la mer)

un entrepôt frigorifique un bâtiment où l'on maintient un froid artificiel (pour conserver le poisson)

en être à mi-parcours être à mi-chemin, être au milieu de quelque chose

en provenance de venant de, qui a pour origine

la criée le grand bâtiment où se déroule la vente aux enchères publique (du poisson)

donner un second souffle permettre une reprise de l'activité après une période de crise ou de ralentissement

le poisson surgelé le poisson qui est soumis au froid pour le conserver plus longtemps

plus onéreux les produits sont plus chers

l'aquaculture l'élevage (du saumon, par exemple) dans l'eau

une plate-forme logistique un lieu où se décide les méthodes et moyens d'organisation, un centre de distribution

mieux rétribué être mieux rémunéré (qu'ailleurs)

toutes les espèces toutes les catégories de poisson

font plus que maintenir leurs cours le prix du poisson fait plus que rester stable, c'est-à-dire le prix augmente

VRAI OU FAUX?

Justifiez votre réponse.

1 Les pêcheurs de Boulogne n'ont pas du tout voulu s'impliquer dans le mouvement de grève avec les pêcheurs bretons.

2 Le port de Boulogne-sur-Mer est bien classé au niveau européen.

3 La plus grande partie du poisson traité l'an dernier au port de Boulogne provenait de la pêche locale.

4 La consommation en poisson surgelé des ménages français n'a fait preuve que d'une faible augmentation durant la dernière décennie.

5 Les problèmes des pêcheurs bretons ne proviennent pas exclusivement des importations.

6 Les salaires des pêcheurs boulonnais sont plus élevés que ceux des pêcheurs bretons.

VOUS AVEZ LA PAROLE

Précisez vos connaissances sur:

- un port de pêche
- une grève de solidarité
- la consommation des ménages
- le poisson surgelé
- l'aquaculture
- une plate-forme logistique.

3B *Réguler les importations*

LE VRAI COMBAT DES FRUITS ET LEGUMES

Les producteurs français de fruits et de légumes sont en colère. «Il faut une régulation des importations. L'Etat [doit faire bloc auprès de la Commission] pour interdire l'entrée sur notre marché de certains produits à certaines époques.» M. Henri Bois, 65 ans, producteur de pêches et d'abricots à Saint-Gilles, dans le Gard, hausse le ton. Les arboriculteurs français ont dans l'ensemble les mêmes arguments. «Etant moi-même exportateur, je ne peux pas être contre les importations», explique M. Charles Calleja, un gros producteur de pommes avec 1 200 hectares de terres à Salon-de-Provence. Mais également président de la Fédération Nationale des Producteurs de Fruits, il demande que «les importations entraînent une réciprocité des échanges». «Il n'est pas normal, dit-il, que les producteurs américains puissent vendre presque librement leurs produits ici, alors que le contraire n'est pas permis.»

Las de répéter toujours ces mêmes requêtes, les Français ont perdu patience cet été. Le 2 septembre à Marseille, des exploitants s'en sont pris aux locaux de la douane. Avec un objectif: mettre la main sur les statistiques d'importations. En juillet et en août, des incidents semblables ont opposé dans tout le pays agriculteurs et forces de l'ordre. 1992 restera comme une année noire pour les producteurs français: sur l'augmentation des importations s'est greffée une chute brutale des cours, qui a mis le feu aux poudres. De plus, la surproduction a touché toutes les espèces. La grève des routiers n'a rien arrangé. Elle a paralysé l'expédition d'environ 17% des fruits sur les marchés nationaux.

En temps normal, la France est déjà plus qu'autosuffisante en fruits et légumes. Ainsi, près de 2 millions de tonnes de pommes françaises seront détruites, faute de clients. Malgré cela, les importations continuent. Durant l'été, la France a importé du Bénélux entre 2 000 et 5 000 tonnes de tomates par semaine alors que, dans le même temps, 5 000 tonnes de tomates françaises étaient jetées à la décharge. Que disent les douanes? Si le déficit commercial en fruits s'accroît légèrement, celui des légumes, au contraire, diminue. Surtout, les produits étrangers achetés dans l'Hexagone ne sont pas forcément en concurrence directe avec les productions locales. Loin de là.

Pendant de nombreuses années, les importations de produits frais n'ont pas beaucoup gêné les arboriculteurs français. La plupart de ces espèces étrangères n'étaient pas produites en France. C'est le cas des fruits exotiques, dont le volume importé reste assez peu important, ainsi que des bananes et des agrumes. Leur commercialisation n'empêche pas les exploitants français d'écouler leurs récoltes. L'analyse vaut également pour les produits dits de «hors saison». Ces importations permettent aux consommateurs de trouver sur leur marché des pêches ou des cerises, par exemple, provenant du Chili ou d'Argentine, en dehors de la période à laquelle elles sont produites en France. Sans parler des haricots verts du Kenya.

Mais le phénomène le plus grave pour les producteurs nationaux, celui contre lequel ils luttent bec et ongles, ce sont les importations en pleine saison de produits semblables à ceux cultivés dans l'Hexagone. «Cette situation tient moins à la qualité de nos produits qu'au manque de politique commerciale cohérente, déclare M. Christian Decoene, du Centre Technique Interprofessionnel des Fruits et Légumes. Les Belges et les Néerlandais bénéficient souvent de la préférence des grandes surfaces. Eux seuls sont capables de livrer rapidement de grandes quantités de produits homogènes.» Car si la distribution s'est largement concentrée ces dernières années, les producteurs n'ont pas suivi le mouvement. Aujourd'hui, en France, plus de la moitié des fruits et des légumes sont vendus dans les hypermarchés et les supermarchés.

DES IMPORTATIONS DOPÉES EN 1992

(en millions de francs)	2ᵉ trim. 91	2ᵉ trim. 92	Evolution
Importations d'agrumes et de fruits tropicaux	177	251,1	+ 41,9 %
Exportations d'agrumes et de fruits tropicaux	13,4	12,1	- 9,8 %
Importations de pommes, poires et autres fruits frais	251,8	268,6	+ 6,7 %
Exportations de pommes, poires et autres fruits frais	21,4	23,3	+ 8,9 %
Importations de légumes frais	106,2	100,8	- 5,1 %
Exportations de légumes frais	73,8	68,7	- 6,9 %

Source : Semmaris

«Il va bien falloir que les 400 coopératives coordonnent mieux leur commercialisation, car la situation actuelle va bientôt devenir invivable», prédit M. Jean-Claude Jacob, le président de la Fédération Française de la Coopération Fruitière, Légumière et Horticole. De fait, l'accroissement des importations de fruits et de légumes en France tient plus au manque d'organisation des producteurs de l'Hexagone qu'à une mauvaise qualité des produits. C'est ce que répondent à leur manière les Néerlandais quand on leur demande la raison de leur puissance dans l'Hexagone: «Notre force, c'est votre faiblesse.»

Frédéric Thérin, *Le Nouvel Economiste*,
18 septembre 1992

LEXIQUE

faire bloc auprès de la Commission faire pression sur la Commission des Communautés européennes

hausser le ton parler avec force, être ferme dans ses arguments

les arboriculteurs ceux qui cultivent les arbres et en récoltent les fruits

une réciprocité des échanges tout pays qui exporte ses produits doit accepter d'en importer aussi

les forces de l'ordre la police et/ou la gendarmerie

une chute brutale des cours une diminution importante des prix

mettre le feu aux poudres provoquer la colère, déclencher la révolte

la grève des routiers les chauffeurs routiers arrêtent le travail et bloquent les routes par la même occasion

autosuffisant(e) qui subvient à ses propres besoins

le Bénélux l'union douanière et économique comprenant la Belgique, les Pays-Bas et le Luxembourg

jeter à la décharge se débarrasser de, détruire

le déficit commercial en fruits la France importe plus de fruits qu'elle n'en exporte

écouler leurs récoltes vendre leurs productions

les produits dits de «hors saison» les produits que l'on peut acheter en toutes saisons

lutter bec et ongles combattre d'une manière féroce

les grandes surfaces les super- et hypermarchés (offrant une grande variété de produits sur une grande surface)

des produits homogènes des produits d'une qualité constante

les producteurs de l'Hexagone les producteurs français

QUESTIONS

1 Qui est M. Henri Bois? Pourquoi affirme-t-il que les producteurs français de fruits et légumes sont en colère?

2 Qui est M. Charles Calleja? Que demande-t-il pour faire face à cette situation?

3 Que s'est-il passé le 2 septembre à Marseille? Pour quelle raison?

4 Quels facteurs se sont ajoutés à l'augmentation des importations de fruits et légumes?

5 Quelle est la situation de la France en matière d'autosuffisance pour les fruits et légumes?

6 Où en est le déficit commercial français des fruits et légumes?

7 Les importations de produits frais ont-elles gêné les arboriculteurs français?

8 A quoi servent les importations de produits de «hors saison» sur le marché français?

9 A quelle situation en particulier les producteurs nationaux se trouvent-ils confrontés?

10 Quel décalage trouve-t-on entre les modes de distribution et l'organisation des producteurs français?

11 Qui est M. Jean-Claude Jacob? Quelle solution à ces problèmes recommande-t-il?

12 La mauvaise qualité de la production française serait-elle la cause des importations de fruits et légumes en France?

RESUME

Faites le résumé de cet article en moins de 250 mots.

3C   *La FNSEA*

UNE GUERRE DE LA VIANDE DANS NOS CAMPAGNES

Une interview de Raymond Lacombe, président de la FNSEA (Fédération Nationale des Syndicats d'Exploitants Agricoles).

QUESTIONS

1 To what extent are French cattle breeders currently undergoing a 'meat crisis'?

2 Does Raymond Lacombe believe that there has, in fact, been a meat war?

3 Where did the illegal imports originate from, and what were the effects of this traffic?

4 Is the EC to blame for these developments?

5 How does Raymond Lacombe suggest that the worries of the cattle breeders could be eased?

6 How have supermarkets contributed to these problems?

7 Does Raymond Lacombe support these accusations?

8 How does Raymond Lacombe support his view that quality should prove the deciding factor?

9 What associated problem remains to be tackled?

10 How confident is Raymond Lacombe that the problems facing French breeders can be overcome?

un effondrement des cours   *drastic fall in prices*
revenir en arrière   *to go back*
sous peine de   *at the risk of*
se dessiner   *to appear, take shape*
la faillite   *bankruptcy*
imposer la loi   *to lay down the law*
une élevation des cours   *rise in prices*
un excédent   *surplus*
miser sur   *to bet on*
les bovins (m.pl.)   *cattle*
et j'en passe   *and that's not all*
un label d'origine   *stamp, seal of origin*
être friand(e) de   *to be very fond of*
interdire   *to ban, prohibit*
avoir une incidence sur   *to have an impact on*
un débouché   *opening, outlet*
fermier (–ière)   *free-range (chicken)*
élevé(e) au grain   *corn-fed*

EXPOSE

Faites un exposé oral sur l'importance accordée par Raymond Lacombe à la qualité de la viande française.

LEXIQUE

un éleveur   *(cattle) breeder*
le revenu   *income*
le bétail   *livestock, cattle*
ahurissant(e)   *incredible, staggering*
clandestinement   *secretly, illegally*
les pays de l'Est   *countries of Eastern Europe*

3D *Thème*

FOR AND AGAINST AGRICULTURAL IMPORTS

The question of meat, fish, fruit and vegetable imports into France is a particularly vexed one. While the President of the farmers' union maintains that a great deal needs to be done in order to control beef imports and halt the drastic fall in prices, the port of Boulogne has set up a modernisation plan which has enabled it to handle heavy imports of fish and so become the main European market for this commodity. Furthermore, France produces sufficient fruit and vegetables to satisfy home demand. However, EC policy requires that imports continue, which means that millions of tonnes of French produce are destroyed every year so as to give priority to foreign produce. It is therefore understandable that cattle breeders, fishermen and fruit and vegetable growers are up in arms about these policies.

French growers accept imports of exotic fruit and out-of-season produce, but are entirely opposed to imports of produce which they themselves can harvest at the same time of the year. They are also fighting against illegal imports and unfair competition, and call for two-way trade. In order to make the government listen, they have gone on strike and broken into customs posts. It must nevertheless be admitted that these problems are at least partially caused by a lack of organisation on their part, and also by a failure to promote the quality of French produce.

LEXIQUE

épineux (–euse)
affirmer que
une denrée
suffisamment de
la demande nationale
la politique communautaire
ce qui entraîne
donner la priorité à
on comprend pourquoi
s'opposer à
la concurrence déloyale
pénétrer par infraction
un poste de douane
il faut reconnaître que
être dû, due à
de sa part
ainsi que
l'incapacité de
promouvoir

3E *Présentations et débats*

PRODUITS AGRICOLES: LA CAMPAGNE «ACHETER FRANCAIS»

1 Un exploitant agricole vante les avantages d'un label d'origine pour tous les produits agricoles français.

Imaginez cette présentation faite devant l'Assemblée générale de la FNSEA.

2 Une ménagère est interviewée par une radio locale sur ses préférences entre les produits agricoles français et étrangers.

Réalisez cette interview à la sortie d'une grande surface.

3 Le directeur commercial d'un hypermarché organise une table ronde sur la politique à adopter face au lancement, par les agriculteurs français, d'une campagne «Acheter français».

Organisez cette réunion en convoquant les directeurs des services compétents: achats, marketing, finances, publicité, ventes.

Thèmes à discuter

1 La régulation des importations
2 Le combat des fruits et légumes
3 La guerre de la viande
4 La mévente du poisson
5 La politique agricole communautaire
6 La grande distribution
7 La chute des cours
8 Les produits hors saison
9 La concurrence déloyale
10 La réciprocité des échanges
11 Le manque d'organisation
12 Le pari sur la qualité

dossier 4

FORMATION ET CARRIERES

4A   Schéma des formations

LA BRETAGNE PREPARE SA COPIE

Mieux adapter les formations et les établissements scolaires aux besoins prévisibles des entreprises et à l'évolution de la démographie. Facile à dire. Moins facile à faire. Car les choses peuvent aller très vite. Olida qui supprime 210 emplois à Loudéac ... et c'est la situation de tout un bassin d'emploi qui est bouleversée. Aussi, pour préparer ce schéma des formations, le conseil régional a décidé d'y aller pas à pas. En organisant la bagatelle de quatorze réunions à travers la Bretagne. A chaque fois, le décor est le même.

Dans la salle, tous les responsables d'établissements scolaires d'un bassin d'emploi. Ceux du public et du privé, de l'enseignement général et de l'enseignement agricole. Sur l'écran, plein de chiffres, de graphiques et de courbes.

Et les chiffres valent souvent mieux que de longs discours. Ceux, par exemple, des naissances en Bretagne dans les ménages d'exploitants agricoles sont éloquents. On en compte 14 500 en 1956, et seulement 2 700 aujourd'hui. A méditer pour les établissements d'enseignement agricole . . .

Ce schéma des formations veut ainsi éviter deux écueils: les formations qui ne mènent pas à grand-chose, ou celles qui se développent trop vite au point d'encombrer le marché de l'emploi.

Un autre exemple? Les brevets de technicien supérieur en maîtrise de l'eau. Une très bonne idée. En France, on en a lancé cinq cette année. Ils répondent exactement aux besoins des entreprises comme la Lyonnaise des Eaux. Mais voilà, une section de BTS en plus, c'est bien tentant pour un lycée ou des élus locaux. Conclusion: cinq nouvelles sections de BTS en maîtrise de l'eau vont être ouvertes l'année prochaine sur tout le territoire. C'est cinq de trop. Le marché de l'emploi va être saturé.

«Nous ne voulons plus avoir tel BTS parce que tel député l'a demandé», n'hésite pas à dire Gérard Pourchet, vice-président du conseil régional, chargé de la formation et qui anime toutes ces réunions. Et de citer ainsi les nombreuses formations para-médicales sur le secteur de Lannion. «Sont-elles justifiées?» demande-t-il. En se gardant bien d'apporter des réponses sur un plateau. «C'est aux chefs d'établissements scolaires de réagir», insiste encore Gérard Pourchet. Et aux chiffres de dire leur vérité.

Didier Gourin, *Ouest-France*, 6 mai 1992

LEXIQUE

le schéma des formations   un plan destiné à établir les directions futures en matière de formation et d'éducation

les besoins prévisibles   ce que l'on estime nécessaire pour le futur

l'évolution de la démographie   l'augmentation du nombre total de la population à l'avenir

supprimer des emplois   faire disparaître certains postes, licencier des employés

un bassin d'emploi   une région dépendant économiquement d'une ou de plusieurs entreprises

le conseil régional   une institution chargée de promouvoir le développement d'une région française

y aller pas à pas   progresser par étapes, lentement et avec précaution

une bagatelle   une affaire sans importance (ici, sens ironique, c'est-à-dire le contraire)

sur l'écran, plein de chiffres   de nombreux chiffres figurent sur le tableau

les ménages d'exploitants agricoles   les familles d'agriculteurs vivant d'une ferme

éviter un écueil   échapper à un obstacle qui risquerait de conduire à un échec

le marché de l'emploi   la situation du travail disponible dans une région donnée

un brevet de technicien supérieur (BTS)   un diplôme de l'enseignement supérieur, préparé dans les lycées, dont la durée est de deux ans après le baccalauréat

la maîtrise de l'eau   l'ensemble des techniques destinées à assurer l'approvisionnement de l'eau (pompage, canalisation, purification, etc.)

les élus locaux   les personnes désignées par une élection ayant un rôle politique dans une région donnée

sur tout le territoire   dans toute la France

un député   un membre de l'Assemblée nationale

animer une réunion   organiser et diriger une rencontre

apporter sur un plateau   proposer des solutions que l'on peut accepter sans avoir d'effort à faire

VRAI OU FAUX?

Justifiez votre réponse.

1   Il est relativement facile d'adapter les formations et les établissements scolaires aux besoins des entreprises et de la démographie.

2   Le Conseil régional a décidé de préparer son

schéma des formations avec précaution et en faisant participer tous les responsables d'établissements scolaires d'une même région.

3 En Bretagne, les naissances dans les ménages agricoles n'ont cessé de diminuer depuis 1956.

4 L'ouverture de cinq nouvelles sections de BTS en maîtrise de l'eau l'année prochaine répondra à un besoin réel.

5 Selon Gérard Pourchet, l'existence de nombreuses formations para-médicales sur le secteur de Lannion est plus que justifiée.

6 Les chefs d'établissements scolaires ont le devoir de s'opposer à certaines décisions de mise en place de formations qu'ils pourraient juger superflues.

VOUS AVEZ LA PAROLE

Précisez vos connaissances sur:

■ l'évolution de la démographie
■ le marché de l'emploi
■ les besoins des entreprises
■ les élus locaux
■ chiffres, graphiques et courbes
■ les chefs d'établissements scolaires.

4B Promotion interne

HYPERMARCHES, RAYON CARRIERES

Un mot revient sans cesse dans sa bouche: «chance». «J'ai eu la chance à mes débuts, explique lyriquement Jean Métrop, de rencontrer une entreprise jeune et dynamique où l'évolution professionnelle était possible.» Entré voilà 22 ans comme simple employé, il est aujourd'hui directeur de l'hypermarché Carrefour de Dijon et dirige 320 personnes. Une exception? Loin de là. La grande distribution, avec plus de 830 hypermarchés, près de 6 500 supermarchés et de nombreuses grandes surfaces spécialisées en bricolage, jardinage ou matériel hi-fi, offre des progressions de carrière rapides, même pour les jeunes les moins diplômés. Encore faut-il être tenté par «la vie Auchan» ou «l'esprit mousquetaire de la distribution».

Et ils sont peu nombreux à y déceler un intérêt, malgré des salaires annuels qui, pour un chef de rayon, atteignent 150 000F dès la première année et jusqu'à 300 000F au bout de cinq ans, tandis que les directeurs d'hypermarché gagnent 500 000F et plus. D'après un récent sondage, 8% des étudiants souhaitent commencer leur vie professionnelle dans ce secteur.

Car, malgré une progression fulgurante qui lui assure désormais le tiers du commerce de détail, malgré 8 000 emplois créés chaque année, le secteur de la grande distribution souffre d'une image négative. Une image entretenue par la discrétion dont se sont longtemps entourées les enseignes, nourrie par les méthodes brutales censées étrangler les fournisseurs, alimentée par un style de management à la réputation douteuse. Ces préjugés ont ainsi laissé élèves et familles dans l'ignorance des réalités économiques. Pour y remédier, le premier Forum d'Orientation des Filières commerciales aura lieu en mars prochain à Paris. Son objectif: «Briser des a priori et inviter les jeunes à mieux connaître les bonnes pistes». Des voies que le système éducatif a longtemps dédaignées lui aussi, laissant la part belle aux écoles privées, pas toujours adaptées et souvent coûteuses (15 000F à 30 000F annuels de frais de scolarité). Et donnant de sérieuses chances aux autodidactes.

«Ce que nous cherchons, ce sont d'abord des personnalités. Les jeunes qui ont besoin d'être maternés ne nous intéressent pas», explique Jean-Luc Masset, le directeur des ressources humaines de Carrefour. A condition d'être armés d'une solide volonté de réussir, d'être prêts à travailler sans compter les heures et d'avoir le goût des responsabilités, les sans-diplôme ont vu la chance leur sourire dans la distribution. Les sociétés se chargent de perfectionner manutentionnaires, caissiers et chefs de rayon dans les écoles maison: Institut de Formation à l'Excellence chez Auchan, Institut Marcel-Fournier, du nom du fondateur de l'enseigne pour Carrefour, ou Institut Pierre-Guichard chez Casino. Plus de la moitié des postes sont pourvus par promotion interne. «Pour bien exercer une fonction, il est bon d'avoir connu la précédente. A 95%, les directeurs de magasins ont été chefs de rayon», remarque Jean-Luc Masset.

Certes, mais les diplômes sont de plus en plus appréciés à l'heure actuelle. «Bien que chaque responsable soit totalement autonome pour choisir ses collaborateurs, un étudiant sorti d'une grande école de commerce montera très vite les échelons. Dommage que la plupart nous boudent», regrette Jean-Pierre Honoré, directeur de l'hypermarché Carrefour de Châteauneuf-lès-Martigues. Les techniques de commercialisation étant de plus en plus poussées, elles obligent en effet à des stratégies plus fines pour séduire les consommateurs et lutter contre la concurrence.

D'où l'émergence de conventions signées entre les enseignes et les écoles, comme Docks de France et Sup de Co Tours, ou les super-marchés Champion et le lycée de Vire (Calvados). Plus nouveau: l'université s'y met à son tour. Le tout nouvel Institut Universitaire Professionnalisé (IUP) de Lille-II a été créé en partenariat avec une fondation de huit entreprises de la distribution. Une vingtaine d'étudiants y acquièrent une véritable formation pratique dispensée par des cadres des grandes enseignes. «L'avantage économique est important pour les entreprises, souligne Jean-Claude Werrebrouck,

le directeur de l'IUP. Les coûts d'inadaptation, de recrutement ou de licenciement sont ainsi réduits car l'entreprise n'embauche que des jeunes bien formés et adaptés aux besoins.» Avec l'entrée des Caddie dans les amphis, la grande distribution gagne ses lettres de noblesse.

Francine Rivaud, *Le Nouvel Observateur*,
16/22 janvier 1992

LEXIQUE

l'évolution professionnelle l'avancement, la progression d'une carrière

la grande distribution le secteur commercial qui regroupe les hypermarchés et les supermarchés

les grandes surfaces des magasins qui offrent, sur une vaste superficie, une variété étendue de produits

l'esprit mousquetaire de la distribution le slogan des supermarchés Intermarché

le commerce de détail les magasins où l'on vend des articles à l'unité (par opposition à la vente en gros)

souffrir d'une image négative avoir une mauvaise réputation auprès du public

étrangler les fournisseurs écraser les fournisseurs en les obligeant à approvisionner la grande distribution au plus bas prix

briser des a priori supprimer des préjugés qui concernent la grande distribution

connaître les bonnes pistes savoir quels sont les bons débouchés pour trouver un emploi intéressant

laisser la part belle confier la plus grande partie de la formation commerciale aux écoles privées

donner de sérieuses chances offrir de fortes possibilités de réussite

des personnalités des personnes qui ont du tempérament, du caractère, qui sont affirmées

voir la chance sourire être en mesure de réaliser un projet, un souhait

bien exercer une fonction accomplir son travail de façon satisfaisante

monter les échelons occuper un poste plus important, grimper dans la hiérarchie de l'entreprise

les techniques de commercialisation l'ensemble des méthodes concernant la mise en vente de produits

lutter contre la concurrence se battre contre les rivaux commerciaux

s'y mettre à son tour commencer à suivre le modèle utilisé

les grandes enseignes les grandes marques de la distribution telles que Auchan, Carrefour, Casino, etc.

gagner ses lettres de noblesse parvenir à être mieux considéré, réussir à obtenir une certaine renommée

QUESTIONS

1 Quelle a été l'évolution professionnelle de Jean Métrop?

2 Quel est le gros avantage de travailler dans le secteur de la grande distribution? A quelle condition?

3 Les jeunes gens sont-ils attirés par les salaires dans ce secteur?

4 En quoi consiste l'image préjudiciable donnée à la grande distribution?

5 Quel est le but du Forum d'Orientation concernant les filières commerciales?

6 Quels sont les établissements chargés d'enseigner et de former les jeunes à une fonction commerciale?

7 A quoi doit correspondre le profil d'un candidat sans diplôme pour un poste dans la distribution?

8 Quel est le rôle des sociétés dans le domaine de la formation?

9 Pourquoi la grande distribution devrait-elle attirer les jeunes diplômés?

10 Pourquoi est-il important de bien maîtriser les techniques de commercialisation?

11 Quelle innovation a-t-on créée au niveau des conventions signées entre les écoles et les entreprises?

12 Quel avantage économique ce partenariat procure-t-il pour les entreprises?

RESUME

Faites le résumé de cet article en moins de 250 mots.

4c *Interflora*

L'ECOLE DE LA QUALITE

Une interview de Charlotte de Damas, responsable de la formation Interflora-France.

QUESTIONS

1 How well is Interflora established in France? Give the relevant figures.

2 To what extent is Interflora present on the international scene?

3 How important is the Interflora training programme?

4 What courses does the Association des Fleuristes de France organise for Interflora?

5 What are the criteria for admitting florists to membership of the Interflora network?

6 How does Interflora maintain the quality of its service?

7 Which qualifications are most commonly held by French florists?

8 In what further ways does Interflora promote professional training for the members of its network?

9 What other means has Interflora introduced to improve orders and sales?

10 How does Charlotte de Damas sum up Interflora's training policy?

LEXIQUE

fort(e) de   *boasting, possessing*
un réseau   *network*

desservir   *to serve (communes, villages)*
un chiffre d'affaires   *turnover*
un destinataire   *addressee*
se dérouler   *to take place, proceed*
une amélioration   *improvement*
destiné(e) à   *intended, meant to*
traiter   *to deal with*
un emballage   *wrapping*
adhérer à   *to join, become a member of*
faire preuve de   *to show, demonstrate*
effectuer des contrôles   *to make, carry out checks*
sanctionner   *to recognize (training, etc.)*
un titulaire   *holder (of certificate, etc.)*
un Certificat d'Aptitude Professionnelle   *vocational training qualification*
un Brevet Professionnel   *specialized technical qualification*
une maîtrise   *master's degree*
entraîner   *to lead to*
un numéro vert   *freefone number*
un serveur Minitel   *Minitel server*
un outil   *(software) tool*
viser à   *to aim to (do sth)*
un confrère   *colleague, fellow member*
s'apprêter à   *to get ready to (do sth)*
relever un défi   *to take up a challenge*

EXPOSE

Faites un exposé oral sur les objectifs de la formation Interflora, et la façon dont Charlotte de Damas vise à aider les adhérents du réseau.

4D   *Thème*

IMPROVING PROFESSIONAL TRAINING

Up until now, it has been mainly private schools which have trained students for a business career in France. It is therefore to be regretted that most young graduates leaving major business schools are reluctant to take up employment in the distribution trade, where high-level marketing techniques are required in running supermarkets. This is the reason why an increasing number of agreements are signed between companies and business schools in order to guarantee better training and raise their employees' abilities. In fact, the distribution trade offers young people rapid career advancement, even those lacking qualifications.

Adapting professional training to the needs of local companies is certainly easier said than done, as the job market can change very quickly. Any region will find itself in difficulty if a large company has to cut jobs. It is becoming increasingly important nowadays that school heads and training officers set up practical courses, because they are the people who are aware of the economic situation in their region or the particular needs of their company. Some French firms allocate 3 or 4% of the total wage bill to training in order to enable their employees to become familiar with leading-edge technology or acquire new skills in a constantly changing environment.

LEXIQUE

jusqu'à présent
essentiellement
une carrière commerciale
il est regrettable que
les jeunes diplômés
se montrer réticent à
gérer
de façon à
plus facile à dire qu'à faire
n'importe quel
mettre en difficulté
se trouver dans la nécessité de
ce sont eux qui
être au courant de
consacrer
la masse salariale
s'adapter à
les technologies de pointe
en constante mutation

4E *Présentations et débats*

LA FORMATION CONTINUE

1 Le responsable de formation présente les cours dispensés visant à aider le personnel de l'entreprise à s'adapter aux développements récents dans l'informatique.

Procédez à cette présentation devant le comité directeur.

2 Un cadre supérieur est interviewé par le rédacteur du journal de l'entreprise sur son évolution professionnelle au cours de sa carrière dans la gestion.

Réalisez cette interview dans le bureau du cadre.

3 Le vice-président du Conseil régional organise une journée d'étude pour la mise en place d'un programme d'apprentissage des langues étrangères au service des entreprises de la région.

Organisez cette conférence avec des représentants de tous les secteurs concernés: écoles publiques et privées, PME, grandes entreprises, délégués du personnel.

Thèmes à discuter

1 Le schéma des formations
2 Les établissements scolaires
3 Les grandes écoles de commerce
4 Les frais de scolarité
5 Les niveaux de perfectionnement
6 Le bassin d'emploi
7 Les conventions signées
8 Les techniques de commercialisation
9 Les techniques de communication
10 La progression de carrière
11 Les diplômés et les sans-diplôme
12 La promotion interne

dossier 5

L'INDUSTRIE ET L'INFORMATIQUE

5A . Electroménager

LA CAMPAGNE POUR LE «MADE IN FRANCE»

Le four à micro-ondes Brandt s'appelle Vendée, la table de cuisson Sholtés, c'est Lorraine, le télécopieur Sagem affiche Fougères … Depuis juin, les magasins Boulanger (filiale du groupe Auchan) pianotent sur le clavier de la préférence nationale. En proposant à la clientèle des produits de quatorze grandes marques fabriqués ou assemblés dans des usines françaises. Derrière le four, l'aspirateur ou le frigo, il y a des emplois. Tout bêtement. Ceux de Moulinex à Caen, ceux de Brandt à Aizenay en Vendée … Et dans cette conjoncture détestable, ils pèsent lourd.

A ce jeu, tout le monde y gagne. Boulanger, qui n'est pas un philanthrope, a enregistré un bond de 20% sur les ventes d'un électroménager sélectionné. Et la fréquentation des magasins a grossi de 10%. «Ce n'est pas un coup, c'est une cause sur le long terme, s'enflamme Benoit Vermersch, directeur du marketing chez Boulanger. Aujourd'hui, votre voisin de palier est au chômage. Si vous traversez la rue pour aller acheter Taïwan, demain ce n'est plus un mais deux voisins qui pointeront.»

Le distributeur a épluché son chiffre d'affaires: un tiers provient de produits fabriqués en France, un autre de marchandises estampillées CE, le troisième hors Europe. «Notre objectif, c'est de passer à 40% réalisés avec des produits français. Soit un marché de 140 millions de francs pour les usines françaises.» A première vue, la démarche renvoie à l'«Achetons Français» porté en oriflamme par le Parti communiste il y a quelques années. Avec un arrière-goût de protectionnisme et de nationalisme. «Notre démarche est plus compliquée et plus adulte, explique Benoit Vermersch. La distribution a une responsabilité dans le nivellement du discours sur le seul critère-prix. On a fait croire aux gens que tout se valait.»

Boulanger cible le client mûr, solidaire, et table sur la qualité. En s'appuyant sur un sondage réalisé auprès des consommateurs afin de bien ancrer sa démarche. A qualité égale, 96% d'entre eux plébiscitent le produit fabriqué ou assemblé en France. Et 56% se disent disposés à le payer 10% plus cher qu'un produit allemand ou japonais. Un sondage qui fusille les délocalisations: 69% des sondés préfèrent un produit de marque étrangère fabriqué dans l'Hexagone à un produit français fabriqué à l'étranger. Pas d'angélisme: le distributeur nordiste ne sera pas le Zorro de l'économie française. «On veut rallier le plus de monde possible à cette cause, plaide Benoit Vermersch. Faire tache d'huile.»

Marc Pennec, *Ouest-France*, 17 septembre 1993

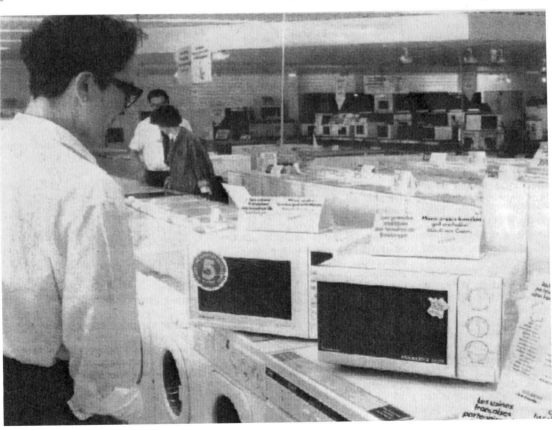

Les produits estampillés «made in France» ont séduit les consommateurs et Boulanger compte poursuivre l'opération en l'amplifiant, espérant entraîner à sa suite d'autres distributeurs.

LEXIQUE

pianoter sur le clavier de la préférence nationale opter pour des produits de fabrication française

peser lourd avoir une grande importance, compter pour beaucoup

gagner à ce jeu tirer un avantage net de cette campagne

la fréquentation des magasins a grossi le nombre de personnes qui vont habituellement dans les magasins a augmenté

ce n'est pas un coup cette campagne ne sera pas de court terme, de courte durée

votre voisin de palier une personne habitant au même étage que vous, ici votre compatriote

pointer se déclarer sans travail à l'ANPE, aller signer cette déclaration régulièrement

éplucher son chiffre d'affaires étudier, analyser le détail de ses ventes

des marchandises estampillées CE qui portent un tampon de provenance de la Communauté européenne

un arrière-goût de protectionnisme l'impression de protéger l'électroménager français contre la concurrence étrangère

le nivellement du discours une action en faveur d'une discussion ouverte sur les prix

afin de bien ancrer sa démarche pour apporter plus d'authenticité aux résultats de l'étude

fusiller les délocalisations manifester de l'hostilité à l'égard des entreprises qui déménagent, afin d'obtenir une main-d'œuvre bon marché

pas d'angélisme qui ne fait pas appel à l'idéalisme, qui a les pieds sur terre

Zorro personnage légendaire du cinéma dans le rôle d'un héros vengeur

faire tache d'huile être répété, s'étendre largement

VRAI OU FAUX?

Justifiez votre réponse.

1 Les produits vendus dans les magasins Boulanger sont fabriqués à l'étranger.

2 La campagne lancée par Boulanger sur les produits «Made in France» n'a eu aucun impact.

3 Le but du distributeur est d'accroître le pourcentage de son chiffre d'affaires provenant de la vente de produits français.

4 La campagne de Boulanger fait preuve d'un esprit de libre échange entre les pays.

5 Un sondage réalisé auprès des consommateurs montre la réticence des Français à acheter les produits fabriqués à l'étranger.

6 Le distributeur Boulanger n'a pas l'intention de poursuivre cette campagne tout seul.

VOUS AVEZ LA PAROLE

Précisez vos connaissances sur:

- la préférence nationale
- la fréquentation des magasins
- votre voisin de palier
- le protectionnisme
- réaliser un sondage
- une délocalisation.

5B   *Pneumatiques*

MICHELIN OPTIMISTE MALGRE DE LOURDES PERTES

Le verdict est tombé hier. Après avoir affiché un maigre bénéfice de 79 millions de francs en 1992, Michelin, le premier fabricant mondial de pneus, dévale brutalement la pente en annonçant un déficit de 3,6 milliards de francs pour l'année 1993.

On serait tenté d'établir une relation de cause à effet entre l'effondrement du marché automobile européen et la mauvaise performance du pneumaticien. Mais la raison essentielle de sa dégringolade est ailleurs, puisque les comptes de «Bibendum» font apparaître une provision de 2,7 milliards de francs pour financer le plan de réduction des effectifs annoncé en avril 1993, qui doit déboucher sur la suppression de plus de 10 000 emplois d'ici l'année prochaine, dont 2 950 en France, 2 500 en Amérique du Nord et 2 000 en Espagne.

Ces 2,7 milliards de francs intégrés dans les comptes de 1993 doivent donc couvrir intégralement les charges que le groupe devra supporter pour réaliser l'ensemble de son plan de réduction des coûts. Sans cette provision, le reste des pertes s'explique par la forte dégradation des marchés européens de l'automobile et du poids lourd, qui ont respectivement chuté de 17% et 25%.

Si, pendant toute l'année, les carnets de commandes des concessionnaires européens ont enregistré une forte chute expliquant l'effondrement des ventes de pneus de première monte (directement achetés par les constructeurs), les automobilistes européens ont en revanche acheté des pneus de remplacement. Seulement voilà, même si ces pneus de seconde monte représentent l'essentiel des ventes du groupe clermontois, leur marge est trop faible pour engranger des profits significatifs.

L'annonce de cette perte spectaculaire n'a pas empêché les dirigeants du groupe clermontois d'afficher une bonne dose d'optimisme en ce qui concerne l'avenir. Au point de déclarer que Michelin est désormais «bien parti pour réaliser un résultat positif, et ce dès cette année». Une prévision partagée par les analystes, notamment Morgan Stanley, qui table sur un bénéfice de 1,3 milliard de francs pour la fin de l'année. Pour étayer leur optimisme, les responsables du groupe indiquent que «les ventes du premier trimestre sont en nette amélioration sur les marchés de première monte». Un peu à l'image du marché des ventes automobiles en Europe, en hausse depuis quelques mois, mais surtout en Amérique du Nord, où Bibendum a maintenu ses parts de marché.

Par ailleurs, le groupe compte particulièrement sur le lancement de son nouveau pneu «Classic», conçu au début de l'année et destiné au marché de remplacement. Mais par-dessus tout, Bibendum espère pouvoir récolter rapidement les fruits de ses progrès technologiques avec sa nouvelle commercialisation de «pneus verts», qui permettent des économies d'essence. Leur production devrait passer de 4 millions d'unités à plus de 14 cette année.

L'importance de la provision annoncée hier confirme par ailleurs la stratégie annoncée l'année dernière, qui devra se solder avant la fin de l'année prochaine par la transformation complète des procédés de fabrication. Cette stratégie a vu le jour avec la nouvelle usine Michelin dans le Puy-de-Dôme. Les dirigeants du groupe affirment que ce nouveau site permettra progressivement, grâce à un système de production intégré et flexible, de produire rapidement les petites et les grandes séries. Une organisation qui devrait bientôt être mise en œuvre dans les autres usines européennes du groupe.

En clair: après avoir développé des usines un peu partout dans le monde, et dont l'unique souci était de servir les marchés d'implantation, Michelin entend jouer la spécialisation pour répondre à la globalisation des marchés.

Vittorio de Filippis, *Libération*, 14 avril 1994

LEXIQUE

dévaler la pente   être en déclin, connaître de très graves difficultés

l'effondrement du marché   une baisse importante d'activité du marché

Bibendum   Michelin – Bibendum est la mascotte de l'entreprise

sans cette provision   sans cette somme mise de côté pour cet usage particulier

les pneus de première monte   les pneus d'origine sur une voiture neuve

le groupe clermontois   Michelin – le siège du groupe se trouve à Clermont-Ferrand

engranger des profits   acquérir des bénéfices

afficher une bonne dose d'optimisme   montrer beaucoup de confiance dans l'avenir

le premier trimestre   les trois premiers mois de l'année

une part de marché   la place que l'on occupe sur le marché face aux concurrents du même secteur

des «pneus verts»   des pneus écologiques, qui réduisent les dégats occasionnés à l'environnement

les petites et grandes séries   la production en petites ou grandes quantités

en clair   en conclusion, pour récapituler

les marchés d'implantation   les marchés où l'on implante une nouvelle usine

jouer la spécialisation   se spécialiser dans un secteur particulier, dans un but spécifique

la globalisation des marchés   observer une attitude uniforme sur tous les marchés

QUESTIONS

1 Dans quelle situation se trouve le groupe Michelin à la fin de l'année 1993, en comparaison avec l'année 1992?

2 Comment serait-on tenté d'expliquer les mauvais résultats du fabricant de pneumatiques?

3 Quelle est alors la véritable raison de la mauvaise performance du pneumaticien?

4 A quoi vont servir les 2,7 milliards de francs de provision?

5 Comment peut-on relativiser les pertes de Michelin dues à l'effondrement du marché de l'automobile neuve?

6 A quel problème le groupe Michelin doit-il faire face avec ses pneus de seconde monte?

7 Quel est l'état d'esprit qui, malgré la situation difficile, règne chez les dirigeants du groupe?

8 Qu'est-ce qui concrétise les pointes d'optimisme des dirigeants pour le début de cette année?

9 Sur quel nouveau produit Michelin table-t-il pour son prochain succès commercial?

10 Quelle particularité les «pneus verts» de Michelin présentent-ils?

11 Quel est l'avantage de la toute nouvelle usine Michelin en matière de production?

12 Quel est l'avenir de cette nouvelle stratégie dans les usines du groupe?

RESUME

Faites le résumé de cet article en 200 mots.

5C *Cartes électroniques*

DES PUCES CONTRE LA LIBERTE

Une interview de Roland Moréno, inventeur de la carte à puce.

QUESTIONS

1   What are the two sides to the argument about payment cards?

2   What kind of information is stored in this way?

3   Can this intrusion into the private affairs of card holders be halted?

4   What is the first course of action Roland Moréno recommends to card holders?

5   What is the second course of action Roland Moréno proposes?

6   Will French motorists inevitably find themselves in this predicament when paying motorway tolls?

7   What trials are being conducted for the electronic payment of motorway tolls?

8   How can motorists avoid leaving a record of their journey under this system?

9   Is France following the American lead in the electronic payment of motorway tolls?

10   How does Roland Moréno sum up the choice between the two types of electronic payment?

enregistrer *to record*
consigner *to record, store, stock*
fliquer *to keep under surveillance*
maniaque *fanatical, obsessive*
effacer *to erase, delete*
un franchissement *crossing, passing through*
un péage autoroutier *motorway toll*
un standard *switchboard*
concevoir (p.p. conçu) *to design*
la numérisation *digitisation*
le bon usage *the correct, proper use*
le traitement automatique des données *automatic data processing*
une réquisition judiciaire *judicial, legal requisition*
mettre qn en examen (approx.) *to interview sb under caution*
anodin(e) *insignificant, innocuous*
acquitter *to pay, settle*
imputer *to charge (to an account)*
régler en liquide *to pay cash*
facturer *to invoice, charge for*
l'informatique à la papa *information technology which is now slow and outdated*
un code barres *bar code*
un prélèvement *debit, deduction*
un dispositif *system, device*
déclencher *to set off, initiate, lead to*

LEXIQUE

une puce *(silicon) chip*
le revers de la médaille *the other side of the coin, disagreeable aspect*

EXPOSE

Faites un exposé oral sur l'évaluation de Roland Moréno des différentes formes de paiement électronique.

5D   *Thème*

FRENCH INDUSTRY CAUTIOUSLY OPTIMISTIC

Confronted by the uncertainties of the market, French manufacturers and distributors have been forced to conduct a thorough overhaul of their industrial, financial and marketing strategies.

Last year's poor results, partly due to a fall in new car sales, gave Michelin considerable cause for concern. However, the accounts of France's leading tyre manufacturer also show that it had decided to reorganise the company and had built up funds in order to lay off a considerable part of the workforce. With improved flexibility in mind, the company has adopted a new strategy based on completely different production techniques. The group's directors appear optimistic about the future of the company, as these techniques will enable it to produce in small or large quantities, according to customer demand.

For its part, the distributor Boulanger, a subsidiary of the Auchan group, has also decided to give priority to French manufacturing. It is, in fact, offering its clients electrical domestic appliances from fourteen major brands, all produced in France. This move has increased the number of people visiting its shops and led to a large upturn in sales. Boulanger is anxious to stress that this strategy is a means of limiting unemployment in France. Even though this campaign smacks of protectionism, it has proved to be effective, as surveys reveal a strong French preference for home-produced goods.

LEXIQUE

un optimisme prudent
les aléas du marché
revoir à fond
en partie
la baisse des ventes
inquiétant(e)
restructurer
licencier
une part non négligeable
dans le but de
avoir confiance en
de son côté
privilégier
il en résulte
une forte augmentation
tenir à
souligner
se révéler efficace

5E *Présentations et débats*

ENQUETE SUR LA TECHNOLOGIE FRANCAISE

1 Un porte-parole de la CNIL fait une présentation à partir d'une enquête menée sur les cartes électroniques et les problèmes qu'elles peuvent entraîner.

Imaginez cette présentation faite devant les adhérents d'une Association de consommateurs.

2 Un fabricant réalise un sondage sur les préférences des acheteurs concernant l'origine, la fabrication, la technologie et le prix de ses appareils électroménagers.

Réalisez ce sondage dans le centre commercial d'une petite ville provinciale.

3 Le directeur du marketing établit un questionnaire afin de tester le marché pour une nouvelle gamme de «pneus verts».

Convoquez une réunion avec le personnel de tous les services concernés: recherche et développement, production, publicité et ventes.

Thèmes à discuter

1 La préférence nationale
2 La fréquentation des magasins
3 Le critère prix
4 Le protectionnisme
5 La réduction des coûts
6 Les délocalisations
7 La suppression des emplois
8 Les procédés de fabrication
9 Les petites et grandes séries
10 Les télécartes et le télépéage
11 La mémoire informatique
12 La numérisation

dossier 6

LE COMMERCE ET LA DISTRIBUTION

6A   Appareils photo

LE «JETABLE» PREND LA POSE

Les Japonais, qui l'ont inventé, en raffolent. Ils en ont consommé 60 millions l'année dernière. A leur tour, les Français se sont laissé séduire: 7,2 millions d'exemplaires vendus la même année (60% de plus que l'année précédente). Désormais, l'appareil photo dit «jetable» n'est plus un gadget. Il devient un produit de grande consommation.

En France, quatre marques se partagent l'essentiel de ce marché, qui représente plus de 6% des ventes de pellicules photo. Kodak, Fuji, Konica et Agfa: chacun de ces fabricants développe une même gamme de modèles (standard, panoramique, aquatique et téléobjectif) à des prix comparables (environ 50F pour 27 poses). Et s'il sont assez bon marché, ces appareils n'en cachent pas moins, sous leur emballage en carton, une technologie garantissant des prises de vue acceptables. «A condition de ne pas trembler violemment», précise tout de même un fabricant...

Pour Noël, pour un anniversaire, au bord de la

mer ou en voyage, le «jetable» a trouvé sa clientèle. Le rapport qualité-prix est convaincant. D'autant plus que la très grande majorité des photographes amateurs ne consomment, en moyenne, pas plus de deux pellicules par an. C'est pourquoi, comme le souligne Jean-Pierre Beau, de la Fédération française des industries photographiques, «il n'existe pas de consommateur type du «jetable», utilisé pour une occasion particulière ou comme appareil d'appoint, lorsque l'on ne veut pas sortir son reflex ou son compact, par crainte de l'abîmer ou de se le faire voler».

Pourtant, hormis le Japon et la France, ce produit est loin de faire l'unanimité. Aux Etats-Unis, en Grande-Bretagne, en Belgique, et surtout en Allemagne, il n'a pas réussi à s'imposer face à un veto écologiste. Jeter après usage rime trop facilement avec gaspillage. Dans ce contexte, les fabricants japonais ont adopté deux stratégies. L'une consiste à organiser – et à le faire savoir – un réseau de récupération des appareils, afin de recycler les boîtiers en plastique, le carton et certains composants. L'autre, symbolique, s'est traduite par un changement d'appellation du produit. Ne dites plus un «jetable», jugé trop péjoratif, mais un «prêt à photographier». A quand le «prêt à raser» ou le «prêt à écrire»?

Emmanuel Vaillant, *Le Point*, 18 décembre 1993

Jean-Pierre Défail

Appareils photos jetables

LEXIQUE

un jetable   un appareil que l'on jette après usage

prendre la pose   se mettre en position pour se faire prendre en photo

les Japonais en raffolent   ils adorent les appareils photo jetables

les Français se sont laissé séduire   eux aussi adorent et achètent les appareils photo jetables

un produit de grande consommation   un article très apprécié, acheté par tous

aquatique   un modèle de pellicules qui permet de prendre des photos dans l'eau

un téléobjectif   un objectif qui, en agrandissant l'image, permet de photographier des objets éloignés

une prise de vue   la qualité de l'image, un bon encadrement de la photo

le rapport qualité-prix   une comparaison permettant d'évaluer la qualité d'un produit proportionnellement à son prix

un consommateur type   un client qui va acheter un certain produit

un appareil d'appoint   un appareil qui accompagne l'appareil principal du photographe afin de le compléter ou de le remplacer

faire l'unanimité   gagner l'approbation de tous, plaire à tout le monde

un veto écologiste   les écologistes refusent d'accepter le concept du jetable

rimer avec   être synonyme de, impliquer

un réseau de récupération   un système qui permet de collecter les appareils jetables dans le but de les recycler

recycler les boîtiers   réutiliser ou transformer la partie extérieure de l'appareil

un changement d'appellation   la modification du nom en remplaçant le mot «jetable» par un mot moins controversé

VRAI OU FAUX?

Justifiez votre réponse.

1 L'appareil photo jetable est considéré par les Japonais et les Français comme une sorte de jouet.

2 Les jetables assurent des photos de bonne qualité pour des appareils bon marché.

3 Dans l'ensemble, la consommation de pellicules photo reste très moyenne en France.

4 Les jetables sont surtout utilisés par des personnes ne possédant pas d'appareils photo.

5 L'appareil photo jetable est aujourd'hui apprécié dans de nombreux pays à travers le monde.

6 Le nom du «jetable», étant considéré comme préjudiciable, a dû être modifié.

VOUS AVEZ LA PAROLE

Précisez vos connaissances sur:

- un appareil jetable
- un produit de grande consommation
- le rapport qualité-prix
- un consommateur type
- un veto écologiste
- un réseau de récupération.

6B   Commerce de détail

LA VPC FAIT PEAU NEUVE

La vente à distance a vécu. Pas la VPC. Pourquoi? Les chaînes de vêtements Cyrillus ou Aubert, les cavistes Savour Club et Jeunemaître, spécialistes des catalogues, s'orientent de plus en plus vers l'installation de boutiques en complément. France Loisirs, avec quelque 191 points de vente, devient le premier libraire de France. Yves Rocher s'annonce comme le numéro 1 de la franchise de cosmétiques dans l'Hexagone.

Plus qu'un paradoxe, c'est une révolution. A l'heure où le consommateur peut tout acheter depuis son fauteuil, le magasin fait recette chez les entreprises de vente par correspondance, dont le but était pourtant de s'en passer. «Cette tendance n'a rien de gênant», répond sans hésiter M. Alain Spriet, 46 ans, directeur général de Cyrillus. Pour le responsable de cette filiale de La Redoute, spécialisée dans l'habillement de la famille bon chic bon genre, «associer la force d'un catalogue à l'attrait d'une chaîne est aujourd'hui très rentable». Explication économique de base: le coût de réalisation d'un catalogue devient tel désormais, qu'il faut l'amortir par la vente massive. Et le meilleur moyen de ratisser large, c'est de multiplier les filets; l'investissement en vaut vraiment la peine.

L'an dernier, avec ses deux catalogues en papier glacé d'une centaine de pages, sa quinzaine de magasins et ses 850 modèles, Cyrillus a affiché une hausse de ses ventes de 17%. Soit quatre fois la croissance du secteur. Son chiffre d'affaires a grimpé de 137 millions de francs en 1988 à 290 millions l'an dernier. L'entreprise de Bondues (Nord) dégage aujourd'hui 7,5% de marge avant impôt, contre 4,5% il y a quatre ans. «Nos 400 000 clientes feuillettent tranquillement le catalogue chez elles, mais préfèrent acheter de plus en plus en boutiques», reconnaît M. Spriet; 60% des ventes sont réalisées en magasins. Les boutiques ont le même assortiment que le catalogue. «Les femmes peuvent donc y acheter les yeux fermés ce qu'elles ont choisi dans le catalogue. Quant aux autres, elles peuvent commander, sans inquiétude, puisqu'elles ont vu et touché le produit en magasin.»

Ce nouveau cocktail justifie largement la bonne santé de la vente dite par correspondance dans le climat morose du commerce. Et il explique également que les vécépistes purs et durs se fassent de plus en plus rares. Les Trois Suisses, qui n'exploitent que deux ou trois magasins de déstockage,

UNE CROISSANCE SOUTENUE

Vente par correspondance et à distance	**+4,56 %**
Grands magasins	0 %
Magasins populaires	+ 2,5 %
Hypermarchés	+ 2,7 %

Croissance du chiffre d'affaires en 1991.
Sources: COE et SEVPCD.

stagnent depuis plusieurs années à 6 milliards de francs de chiffre d'affaires. Le client en veut de plus en plus. Et il est prêt à payer le prix du service. «Cette évolution colle au nouveau profil des consommateurs, commente M. Bernard Siouffi, délégué général du Syndicat de la VPC. 62% sont des femmes de plus en plus actives, de plus en plus jeunes et de plus en plus urbaines.» Près de 40% d'entre elles habitent désormais dans des villes de plus de 100 000 habitants.

Du coup, la VPC veut avoir pignon sur rue, si possible en centre-ville. Comme La Redoute, par exemple, qui a installé la majorité de ses vingt-cinq boutiques près des grands magasins, centres commerciaux et zones piétonnes. Une incitation au lèche-vitrines qui fonctionne plutôt bien: 40% des clients se font livrer «en quarante-huit heures chrono» dans un relais de La Redoute.

Quant à ceux et celles qui s'avouent encore réfractaires aux catalogues, «le professionnalisme du vendeur peut les faire changer d'avis», déclare un dirigeant du Savour Club. Le caviste multiplie dans ses points de vente des animations haut de gamme. Outre l'invitation à déguster plus de 150 bordeaux, bourgognes et champagnes, vendus en boutiques au même prix que dans le catalogue, le client se voit convier à des conférences, expositions, signatures de livres sur la culture du vin.

A l'évidence, la formule pourrait faire école. Ainsi Habitat réalise-t-il déjà 3% de ses ventes de meubles par correspondance et viserait 10% d'ici deux à trois ans. Echange de bons procédés. C'est après tout un boutiquier, qui a eu le premier l'idée de vendre des graines, semences et arbustes par correspondance. Il s'appelait Vilmorin-Andrieux. C'était en 1771.

Béatrice Peyrani, *Le Nouvel Economiste*,
3 avril 1992

LEXIQUE

le commerce de détail la vente directement au consommateur, par petites quantités

la VPC la vente par correspondance, par l'intermédiaire de catalogues et de bons de commande

faire peau neuve la VPC change d'allure, elle n'a plus les mêmes aspects

faire recette avoir beaucoup de succès

bon chic bon genre se dit des personnes qui ont une certaine élégance

ratisser large essayer d'attirer autant de clients que possible

multiplier les filets augmenter les possibilités d'attirer et de séduire la clientèle

une marge avant impôt un bénéfice calculé avant toute déduction d'impôt

le même assortiment le même choix, le même stock d'articles

le climat morose le commerce traverse une période difficile

les vépécistes les sociétés vendant leur marchandise par correspondance

un magasin de déstockage un magasin où l'on met en vente les marchandises invendues

les femmes actives les femmes qui sont sur le marché du travail

avoir pignon sur rue s'installer en centre-ville, trouver un local de vente dans une rue principale

une zone piétonne une rue où la circulation de véhicules est interdite, et qui est réservée aux piétons

faire du lèche-vitrines contempler les vitrines des magasins, se promener le long des rues en regardant les étalages

en quarante-huit heures chrono La Redoute peut livrer ses clients en l'espace de deux jours, c'est-à-dire en quarante-huit heures mesurées au chronomètre, montre de précision

la formule pourrait faire école il est probable que d'autres entreprises seront tentées d'installer des boutiques

QUESTIONS

1 La vente par correspondance a-t-elle fait son temps?

2 Quel était, à l'origine, l'objectif de la VPC?

3 Pourquoi les entreprises de VPC ont-elles décidé d'installer des boutiques?

4 Comment peut-on expliquer la hausse des ventes de Cyrillus?

5 Le chiffre d'affaires et la marge avant impôt de Cyrillus ont-ils augmenté ces dernières années?

6 Les femmes préfèrent-elles acheter en boutiques?

7 Pourquoi le chiffre d'affaires des Trois Suisses stagne-t-il?

8 Quelles sont les nouvelles exigences des clients de la VPC?

9 Quel est le consommateur type de la VPC?

10 Pourquoi La Redoute a-t-elle implanté des boutiques en centre-ville?

11 Comment le Savour Club met-il à profit ses boutiques de vin?

12 Comment peut-on affirmer que la vente par correspondance est revenue à son point de départ?

RESUME

Faites le résumé de cet article en 200 mots.

6C Grandes surfaces

MON ENTREPRISE EN 2001

Interview de Michel-Edouard Leclerc, coprésident des centres Leclerc.

QUESTIONS

1 What are the three basic trends in French distribution identified by Michel-Edouard Leclerc?

2 What conclusions does Michel-Edouard Leclerc draw from his assessment of these trends?

3 What developments are likely in the Leclerc hypermarkets by the year 2000?

4 What strategy has the Intermarché chain adopted?

5 Is Auchan set to follow the same strategy as Intermarché?

6 Which strategy has Leclerc chosen to adopt?

7 How does Michel-Edouard Leclerc predict competition in the distribution sector in the year 2000?

8 Will hypermarkets be able to continue offering discount prices as well as meeting customer demand for more services?

9 Should hypermarkets like Leclerc provide these new services?

10 How does Leclerc plan to guarantee the future of its centres?

LEXIQUE

un mouvement de fond   *highly popular trend*
un pouvoir   *power, strength*

se livrer à   *to give o.s. up to*
sortir de l'exclusivité alimentaire   *to expand beyond foodstuffs*
laminer   *to erode*
l'équipement de maison   *electrical fittings*
prévoir   *to foresee, forecast*
une préconisation   *recommendation, advice*
d'où   *from which, hence*
une référence   *reference number, article*
décliner   *to make available*
faire une démarche   *to adopt an approach*
cibler   *to target*
une voie   *way, course, path*
poussé(e)   *thorough*
la parapharmacie   *health-care products*
la concurrence   *competition, competitors*
concilier   *to reconcile (interests)*
une exigence   *demand, requirement*
le rayon traiteur   *catering department*
clés en main   *ready-made*
un assureur   *insurance agent, company*
passer à côté de   *to miss, let slip*
lisible   *readable, clear*
le pire des cas de figure   *the worst scenario*
endosser   *to take responsibility for*
un aléa   *hazard*

EXPOSE

Faites un exposé oral à partir des prédictions de Michel-Edouard Leclerc sur l'avenir de la grande distribution en France.

6D   *Thème*

NEW TRENDS IN COMMERCE AND DISTRIBUTION

Despite the gloomy business climate, new trends are currently emerging at all levels. The disposable camera, a Japanese invention, is a great success in France, where sales have risen sharply. It is no longer seen as a gimmick, as several well-known manufacturers have brought out a range of reasonably-priced models. Furthermore, the quality of the shots is quite good if the instructions for use are followed carefully. The disposable camera has now found its clientele, people who prefer using it for a particular occasion or to avoid losing or damaging their reflex or compact. The only opposition to disposables comes from the ecologists who have pressurised the Japanese into collecting them and recycling the components.

Consumer demand is also making itself felt in mail-order sales where specialists are beginning to establish very profitable shops in city centres. Over 60% of French women prefer going into town to buy articles which they have already chosen at home. Mail-order companies are having to secure a profit on heavy investment in their catalogues by building up huge sales. The best way of achieving this is by opening shops in town to attract young working women who insist on prompt delivery within easy reach of their home or place of work. Finally, hypermarkets anticipate creating more and more specialised departments, as their customers are calling for an increasingly wider range of goods and services, all under the same roof.

LEXIQUE

connaître un succès
augmenter fortement
être considéré(e) comme
un prix abordable
les instructions d'utilisation
ceux qui
suivre de près
éviter de
s'y opposer
faire pression sur
se faire sentir
être obligé(e) de
rentabiliser un investissement
inciter à
y parvenir
à proximité de
prévoir de
réclamer
une gamme étendue

6E   *Présentations et débats*

LES CHOIX STRATEGIQUES DU COMMERCE

1 Le directeur général d'un hypermarché fait une présentation sur les choix stratégiques pour les dix années à venir.

Imaginez cette présentation devant le Conseil d'Administration.

2 Une cliente est interviewée par un enquêteur d'Association de Consommateurs sur les tendances actuelles dans le commerce.

Réalisez cette interview dans la zone piétonne d'une grande ville provinciale.

3 Le directeur commercial d'une entreprise de VPC organise une réunion sur les meilleures stratégies d'attraction des clients de demain.

Convoquer cette réunion avec les responsables des services concernés: achats, boutiques, catalogues, livraison.

Thèmes à discuter

1   **Le climat morose du commerce**
2   **Des investissements plus importants**
3   **La concentration de la distribution**
4   **Les magasins de proximité**
5   **Les concepts généralistes et spécialisés**
6   **Une départementalisation poussée**
7   **La vente par catalogue**
8   **Une livraison rapide**
9   **Le nouveau profil des consommateurs**
10   **Les produits de grande consommation**
11   **Le rapport qualité-prix**
12   **Les produits jetables**

dossier 7

LES TRANSPORTS

7A   Transports urbains

LES SYSTEMES LEGERS MIEUX SUBVENTIONNES

A Bordeaux, le 13 janvier, le Premier ministre a défini la nouvelle politique de l'Etat en matière de transports urbains. La capitale girondine a été la première à en faire les frais. Ses élus espéraient obtenir une subvention de 500 millions de francs pour le métro automatique léger VAL, qui équipera la ville en 2001. En fait, ils devront se contenter de 402 millions de francs, soit 12,3% du montant total des travaux. C'est la conséquence du barème qu'applique désormais l'Etat pour le financement des transports collectifs.

Jusqu'à présent, les pouvoirs publics accordaient aux collectivités une dotation uniforme établie sur la base de 30% du système le moins coûteux. Ils l'attribueront dorénavant en fonction du mode de transport choisi. Ainsi, pour un réseau de bus, la subvention ne dépassera-t-elle pas les 10 millions de francs au kilomètre. Elle pourra atteindre 60 millions pour les sections enterrées de type VAL. Mais cet écart ne doit pas cacher la réalité: cette répartition favorise les équipements légers, qui peuvent être subventionnés à 40%, alors que les transports souterrains ne peuvent recevoir plus de 20%. Déjà, à la fin de 1993, le district de Rennes, partisan du VAL, était contraint de boucler son budget avec 370 millions au lieu des 500 millions promis par le gouvernement précédent.

En pratique, cette grille risque de porter préjudice au métro automatique, performant mais coûteux. Le VAL, développé par Matra-Transport, revient à entre 300 et 400 millions de francs au kilomètre. «Nous avons veillé à ne pas le pénaliser», assure-t-on au cabinet du ministre des Transports. Mais on y ajoute aussitôt que «l'essentiel des besoins en transports collectifs se situe surtout dans les agglomérations de 200 000 à 300 000 habitants» où le métro ne s'impose pas. Même une ville comme Strasbourg, qui aurait pu choisir le VAL, lui a finalement préféré un tramway souterrain. Résultat: le VAL ne peut pratiquement plus espérer conquérir de nouvelles villes.

Frédéric d'Allest, le président de Matra-Transport, compte surtout sur les extensions de réseaux pour alimenter les commandes. Lille projette en effet de construire une troisième ligne et Toulouse planche sur une deuxième liaison, d'un montant de 4 milliards, pour laquelle la société d'exploitation espère bien obtenir une subvention de 600 millions. Au-delà, il ne reste guère que la ville de Nice et, éventuellement, les projets franciliens Muse et Orbital, comme cibles pour le VAL. Matra devra impérativement décrocher de nouveaux contrats à l'exportation. Le groupe étudie des dossiers à Genève, Taïwan et en Malaisie. Frédéric d'Allest prévoit d'ailleurs que, à partir de l'an 2000, plus de 50% de son chiffre d'affaires viendra de l'étranger.

Franck Bouaziz, *Le Nouvel Economiste*,
21 janvier 1994

LEXIQUE

la capitale girondine le chef-lieu du département de la Gironde, c'est-à-dire Bordeaux

en faire les frais en supporter les conséquences

les élus les députés qui sont choisis par élection

VAL véhicule automatique léger

appliquer un barème mettre en pratique des tarifs pré-établis

les transports collectifs les moyens de déplacement à la disposition d'une collectivité

les pouvoirs publics l'ensemble des autorités qui détiennent le pouvoir dans l'Etat

accorder une dotation uniforme attribuer des revenus égaux à un établissement d'utilité publique

les sections enterrées les sections correspondant au métro (transport souterrain)

les équipements légers sous-entend les transports comme bus, cars, etc.

partisan du VAL favorable à l'idée du VAL

porter préjudice à faire du tort à, porter atteinte à

les agglomérations un groupe d'habitations constituant une ville ou un village

alimenter les commandes augmenter la demande

une société d'exploitation un établissement entreprenant les travaux

les projets franciliens les projets en Ile-de-France

décrocher de nouveaux contrats à l'exportation trouver de nouveaux marchés à l'étranger

VRAI OU FAUX?

Justifiez votre réponse.

1 Les élus de Bordeaux vont être déçus du montant de la subvention pour le métro automatique VAL.

2 Les pouvoirs publics n'accorderont plus de dotations uniformes.

3 Les réseaux de surface ne sont pas avantagés par rapport aux transports souterrains.

4 Les besoins en transports collectifs sont localisés dans les agglomérations de 500 000 habitants ou plus.

5 Le président de Matra–Transport compte sur la construction d'autres lignes ou d'autres liaisons en France.

6 Le groupe Matra a l'intention d'exporter le VAL au niveau européen seulement.

VOUS AVEZ LA PAROLE

Précisez vos connaissances sur:

- les transports urbains
- une subvention
- boucler un budget
- le métro automatique
- une cible
- l'an 2000.

7B *Transports aériens*

CHANGER LES REGLES DU JEU SUR L'ATLANTIQUE

La France ne veut plus jouer comme avant avec les Etats-Unis. Le conflit sur la desserte aérienne nord-atlantique qui oppose les deux pays depuis près de trois mois s'est réglé par une rupture de contrat. Le gouvernement français vient en effet de dénoncer l'accord bilatéral de 1946 qui réglemente ses relations aériennes avec les Etats-Unis. Un texte qui depuis 1984 s'est effectivement révélé trop favorable aux compagnies aériennes américaines. Lundi soir, le ministre des Affaires étrangères, Roland Dumas, a donc informé son homologue américain, James Baker, de la décision française, qui est surtout symbolique puisqu'elle n'aura pas d'incidence sur le trafic et ne prendra effet que dans un an. Mais d'ici là, les Français ont exprimé leur volonté de négocier un nouveau protocole protégeant mieux le pavillon national.

La «dénonciation» française viendra mettre un terme à un dialogue de sourds franco-américain où l'on a vu les transporteurs des Etats-Unis commencer par réclamer, il y a trois mois, une augmentation de 44% de leur offre de sièges sur la liaison avec la France – soit 500 000 sièges supplémentaires – pour la saison d'été. Face à cette «agressivité commerciale», les autorités françaises de l'aviation civile (DGAC) ont fait savoir qu'elles ne toléreraient pas d'augmentation de capacité supérieure à 15%. Un chiffre qui, selon la DGAC, représente le taux de croissance maximal du marché aérien nord-atlantique pendant les mois d'été. La France avait fixé un ultimatum aux Américains – la date du 3 mai – pour qu'ils ramènent leurs programmes de vol à un niveau plus raisonnable. Mais rien n'y a fait. Résultat: l'administration française a décidé de changer les règles du jeu.

En attendant la mise en place de ce nouveau «deal», la France accepte malgré tout, pour cet été, la dernière proposition américaine en date: celle qui augmente de 30% la capacité des compagnies d'outre-Atlantique – soit 255 000 sièges. C'est loin de ce que les Français réclamaient.

Car, de toute évidence, l'accord de 1946 n'est plus adapté à la situation actuelle. Que dit ce texte? Pas grand-chose en fait. Il explique que «les capacités offertes par chaque pays (la France et les Etats-Unis, ndlr) doivent être adaptées à la demande et ne pas porter préjudice aux compagnies du pays partenaire». Mais à partir de quand les capacités sont-elles inadaptées? Et en quoi consiste le préjudice? L'accord de 1946 ne le dit

pas. Autre disposition du texte: chaque Etat peut autoriser autant de compagnies qu'il le souhaite à effectuer la liaison transatlantique.

Pour le reste, rien ou presque. Le texte ne comporte aucune clause de réciprocité entre les deux pays, de même qu'il n'impose aucune limite en termes de fréquences ou de liaisons desservies. Jusqu'en 1984, cette absence de restrictions réglementaires n'avait posé aucun problème. On ne comptait que deux compagnies américaines – TWA et Pan Am – face à Air France pour la desserte de l'Atlantique-Nord. De plus, pendant toutes ces années, les Français avaient essayé de compenser ce déséquilibre en demandant de nouveaux droits de trafic aux Etats-Unis. En fait, sur les quinze villes qu'elle peut normalement desservir, Air France n'en couvre déjà plus que dix. Depuis 1984, les choses ont changé, et aujourd'hui il n'y a pas moins de huit transporteurs américains contre deux français (Air France et AOM-Minerve) sur ce marché de trois millions de passagers par an. Côté français, on s'inquiète franchement de cette offensive commerciale qui a porté la présence des Américains sur ce marché à près de 65%.

Aujourd'hui, il s'agit donc de limiter les pertes et de mieux protéger les intérêts nationaux. L'administration française va donc suivre l'exemple des Britanniques qui, en 1976, ont dénoncé leur accord avec les Etats-Unis pour en négocier un nouveau, celui-là beaucoup plus restrictif, notamment pour les clauses d'augmentation annuelle des capacités.

Pour le consommateur, cette bataille pas très équitable présente un intérêt non négligeable: celui de la baisse des tarifs. Car pour s'imposer sur le marché français, les Américains n'hésitent pas à proposer des billets d'avion à des prix franchement intéressants: le Paris-New York se traite maintenant autour des 3 000F aller-retour. Certes, il s'agit d'un tarif promotionnel. Il n'empêche, il a bien fallu qu'Air France s'y mette aussi.

Nathalie Bensahel, *Libération*, 6 mai 1992

LEXIQUE

changer les règles du jeu   ne plus tenir compte de la convention de 1946

un accord bilatéral   une convention qui engage les deux parties contractantes, ici les Etats-Unis et la France

son homologue américain   la personne qui a la même fonction aux Etats-Unis

avoir une incidence sur   la conséquence que peut avoir la rupture du contrat sur le trafic aérien atlantique

protéger le pavillon national   protéger les intérêts français

un dialogue de sourds franco-américain   une discussion où la France et les Etats-Unis restent sur leurs positions de sorte que leurs négociations n'aboutissent à rien

fixer un ultimatum   imposer des conditions définitives à une date précise

rien n'y a fait   cet ultimatum n'a rien changé

outre-Atlantique   de l'autre côté de l'Atlantique, du point de vue français

ndlr   note de la rédaction

une clause de réciprocité   une disposition qui a lieu entre deux personnes et qui marque deux actions équivalentes

compenser ce déséquilibre   les Français veulent combler le déficit dans le nombre des sièges qui leur sont alloués sur les vols transatlantiques

de nouveaux droits de trafic   les Français réclament le droit de desservir d'autres villes américaines

les choses ont changé   les circonstances actuelles sont différentes

une offensive commerciale   les transporteurs américains ont pris le dessus sur les Français en termes de ventes

un tarif promotionnel   un prix de billet réduit pendant une période limitée

QUESTIONS

1 Sur quoi la France et les Etats-Unis sont-ils en désaccord?

2 Que souhaite réaliser le gouvernement français en rompant le contrat?

3 Qu'est-ce qui a déclenché les trois mois de négociations?

4 Quelle a été la réponse des autorités françaises à cette demande d'augmentation de capacité de sièges?

5 L'ultimatum adressé aux Américains a-t-il obtenu l'effet désiré?

6 Quel est le vainqueur des négociations entamées par la suite?

7 Quelles étaient les deux dispositions-clés du texte de 1946?

8 A quel moment sont apparus les problèmes résultant de ce texte?

9 Pour quelle raison ces problèmes sont-ils survenus?

10 Quelle part du marché aérien nord-atlantique reste-t-il aux compagnies françaises?

11 Que devrait faire aujourd'hui l'administration française pour redresser cette situation?

12 A qui profite ce conflit entre les compagnies aériennes françaises et américaines?

RESUME

Faites le résumé de cet article en moins de 250 mots.

7C   *Plan régional*

LA ROUTE DES ESTUAIRES RESTE UNE PRIORITE

Une interview de Pierre Méhaignerie, président du conseil général d'Ille-et-Vilaine.

QUESTIONS

1 What proportion of the funds allocated to regional development in Brittany has been earmarked for roads?

2 What connection does Pierre Méhaignerie see between the construction of the Rennes-Caen road and the Lamballe-Pontorson road?

3 For what other reason does Pierre Méhaignerie argue in favour of delaying completion of the Rennes-Caen road link?

4 How important is the construction of a major trunk road linking the ports on the west coast of France?

5 Is Pierre Méhaignerie in favour of building an international airport near Brest rather than at Notre-Dame-des-Landes near Nantes?

6 What are the main factors which would determine the viability of an international airport at Brest?

7 What future does Pierre Méhaignerie see for the western region defined as 'le grand Ouest'?

8 How does Pierre Méhaignerie react to the Transport Minister's decision to halt construction of a VAL system in Rennes?

9 Does Pierre Méhaignerie support government plans to move jobs out of Paris and into Western France?

10 What paradoxical situation has developed in the location of public services in France?

LEXIQUE

le conseil général   *council of a French department*
répartir l'enveloppe   *to share out the budget*
affecter une part   *to allocate, assign a share*
étaler sur   *to stagger, spread out over*
(une route) à quatre voies   *four-lane (road)*
un axe   *major trunk road*
l'aménagement du territoire   *town and country planning*
(une autoroute) à péage   *toll (motorway)*
réclamer   *to call for*
remettre en cause   *to reassess, call into question*
incontournable   *that cannot be ignored*
à terme   *in the long run, eventually*
profiter de   *to make the most of*
garder sous le coude   *to keep (a project) on standby*
autant d'atouts   *(just) so many assets*
donner un coup d'arrêt à   *to stop, halt (construction)*
priver de   *to deprive of*
se doter de   *to acquire, create for o.s.*
une agglomération   *town, built-up area*
en tant que citoyen   *as a citizen*
les lois de décentralisation   *decentralising laws (devolving administrative powers to the regions)*
inciter   *to encourage, prompt*
mieux se porter   *to be doing better*
une administration   *(branch of) the civil service*

EXPOSE

Faites un exposé oral sur le système de transports envisagé par Pierre Méhaignerie afin d'assurer l'avenir du grand Ouest.

7D   *Thème*

URBAN AND REGIONAL TRANSPORT

A new policy for public transport has just been worked out for French towns. It tends to penalise underground networks like the VAL because they are very expensive. Such is the case with the city of Bordeaux, which will only receive a small subsidy. The Transport Minister has also halted plans to give Rennes a VAL system, given that cheaper alternatives are available. In fact, the price scale concerning transport financing has been changed, clearly favouring light systems, like bus networks. The future expansion of the VAL is consequently at risk, particularly since towns with a population of under 600,000 do not need an underground railway. However, the Chairman of Matra-Transport hopes to develop the VAL in large towns by building new lines, and is seeking to gain openings abroad.

Leaving aside budgetary considerations, every French departmental council is having to reconsider its transport policy against a background of town and country planning. Road plans in Brittany, for example, have been halted in favour of modernising the major international trunk road linking Southern Europe to Northern Europe and the Channel Tunnel. Difficult decisions will have to be taken concerning the construction of an international airport, with the aim of boosting the regional economy by attracting firms and their employees who would be interested in moving out of Paris.

LEXIQUE

définir une politique
tel est le cas
une faible subvention
donner un coup d'arrêt à
doter de
étant donné l'existence de
d'autres solutions
de façon évidente
les années à venir
être en péril
d'autant plus que
compter (faire qch)
un débouché à l'exportation
mettre à part
réexaminer dans le contexte de
au profit de
dans le but de
stimuler l'économie

7E Présentations et débats

PROJETS D'AMPLEUR REGIONALE

1 Le directeur technique d'une PME intéressée par la décentralisation fait une présentation sur la nécessité de trouver un site accessible aux transports routiers et ferroviaires.

Imaginez cette présentation devant le Comité directeur de la société.

2 Le maire d'une ville moyenne est interviewé par le quotidien local sur sa politique en matière de transports collectifs pour les dix ans à venir.

Réalisez cette interview dans le bureau du maire à l'Hôtel de Ville.

3 Le directeur des relations publiques d'un aéroport organise un forum sur le projet d'augmentation de la capacité de l'aéroport.

Convoquez cette réunion en invitant des responsables de l'industrie, du commerce, du tourisme et des habitants du pays.

Thèmes à discuter

1 Les petites et les grandes agglomérations
2 Les transports urbains et régionaux
3 Le VAL et les équipements légers
4 Les projets routiers et ferroviaires
5 Un axe international
6 Un projet d'aéroport international
7 Des lignes régulières
8 L'aménagement du territoire
9 Protéger le pavillon français
10 Répartir l'enveloppe
11 Une région avec une image forte
12 Les lois de décentralisation

dossier 8

L'ECONOMIE ET LA CONJONCTURE

8A   La consommation des ménages

LES FRANCAIS TOUJOURS ECONOMES

L'incertitude est grande, en cette rentrée, sur le comportement des consommateurs français. Malgré les mesures de soutien adoptées par le gouvernement, le risque d'une rechute des dépenses en fin d'année ne peut être totalement écarté. Après un début d'année exécrable, le printemps a plutôt réservé de bonnes surprises: les achats de produits manufacturés se sont sensiblement redressés en juin, et juillet a confirmé cette tendance. Les ventes du grand commerce ont été stimulées par les soldes, surtout dans l'habillement. Le consommateur, soucieux d'é-conomies, semble attacher une importance croissante au facteur prix. D'où le profil très erratique des ventes, bons et mauvais mois se succédant au fil des promotions.

Les premiers chiffres d'août sont difficiles à interpréter. Les grands magasins parisiens ont réussi à tirer leur épingle du jeu en maintenant leurs ventes au niveau de l'an dernier, grâce aux touristes étrangers, restés nombreux. En revanche, en province, ils accusent une baisse des ventes d'environ 7% par rapport à août l'an dernier. Les hypermarchés ont enregistré de bons résultats, bénéficiant de leur implantation dans les zones de vacances. Ils ont apparemment drainé une clientèle d'estivants à la recherche de petits prix. Car si les touristes sont venus nombreux en

poursuit, que la baisse du marché ne dépasse les 15% sur l'année.

Dans ce contexte, les relèvements d'impôts (CSG et taxes sur l'essence en juillet, hausse des

QUATRE INDICES DE CRISE

Des achats en dents de scie

Ventes du grand commerce, en volume, désaisonnalisées, moyennes mobiles sur 3 mois (indice base 100 en 1980)

Les soldes ont fortement stimulé les ventes dans le grand commerce au début de l'été.

L'automobile ne va pas mieux

Immatriculations d'automobiles, désaisonnalisées (en milliers)

Les immatriculations restent très faibles. L'amélioration de juillet a été sans lendemain.

Les détaillants sont pessimistes

Perspectives générales des détaillants. Solde des réponses hausse moins baisse, désaisonnalisé (en %)

Le moral des commerçants n'a jamais été aussi bas depuis les années de rigueur 1983-1984.

Les chutes de prix s'accélèrent

Prix de vente prévus par les détaillants. Solde des réponses hausse moins baisse, désaisonnalisé (en %)

Les détaillants sont de plus en plus nombreux à baisser leurs tarifs pour attirer le client.

août, ils ont finalement peu dépensé. Hôteliers et restaurateurs, souvent contraints de revoir leurs tarifs à la baisse, se plaignent d'une saison détestable.

Quant à l'automobile, c'est la déconvenue. Les immatriculations sont retombées en août à un niveau très bas. Les achats des ménages sont, là encore, de plus en plus motivés par des considérations de prix. Opérations commerciales, occasions et séries spéciales peuvent temporairement raffermir les ventes (comme ce fut le cas en juillet) ... pour déboucher sur leur rechute le mois suivant. Les commandes ne s'améliorent pas et les constructeurs craignent, si cette tendance se

cotisations UNEDIC en octobre) ne risquent-ils pas de conduire les Français à donner un nouveau tour de vis à leurs dépenses d'ici à la fin de l'année? C'est pour éviter pareil danger que le gouvernement a décidé de prendre des mesures de soutien aux ménages. La plus efficace sera sans doute le quasi-quadruplement de l'allocation de rentrée scolaire (portée de 400F à 1 500F), qui devrait surtout bénéficier ... aux hypermarchés. Mais son impact n'ira guère au-delà du mois de septembre. Gare aux prochains mois ...

Laurence Ville, *L'Expansion*, 9/22 septembre 1993

LEXIQUE

le comportement des consommateurs
l'attitude des ménages envers les dépenses

les mesures de soutien les décisions prises
par le gouvernement pour stimuler la
consommation

une rechute des dépenses les dépenses des
consommateurs diminuent de nouveau, en
vue d'économiser

au fil des promotions tout au long des
périodes où il y a des réductions de prix afin
de stimuler les ventes

tirer son épingle du jeu se sortir adroitement *clever*
d'une situation difficile

accuser une baisse des ventes subir,
connaître une diminution des ventes

les zones de vacances les lieux touristiques
où les gens passent leurs vacances

drainer une clientèle d'estivants attirer les
clients saisonniers, les vacanciers d'été

revoir leurs tarifs à la baisse réviser les prix
pour les réduire

les immatriculations le nombre de véhicules
neufs mis sur le marché

les opérations commerciales des actions
telles que les coups de publicité, les remises

les séries spéciales la vente des véhicules de
série limitée

raffermir les ventes stimuler, encourager les
ventes d'automobiles

la CSG la Contribution sociale généralisée,
impôt supplémentaire prélevé par la Sécurité
sociale

les cotisations UNEDIC les sommes versées
en vue de contribuer aux dépenses de l'Union
nationale pour l'emploi dans l'industrie et le
commerce

donner un nouveau tour de vis les Français
seront une nouvelle fois obligés de réduire
leurs dépenses

l'allocation de rentrée scolaire la somme
perçue en septembre par les parents pour
couvrir les frais scolaires de leurs enfants

VRAI OU FAUX?

Justifiez votre réponse.

1 Les mesures de soutien prises par le gouvernement ne suffisent pas à supprimer les inquiétudes concernant la consommation des Français.

2 Les consommateurs ont du mal à résister à leur pulsion d'achat.

3 Le tourisme a aidé les grands magasins parisiens à maintenir leurs ventes.

4 L'hôtellerie et la restauration sont deux secteurs qui subissent le plus les conséquences des touristes économes.

5 Toute mesure commerciale concernant l'automobile peut stimuler efficacement les ventes.

6 La pression fiscale tend à s'affaiblir dans le but d'encourager la consommation des ménages.

VOUS AVEZ LA PAROLE

Précisez vos connaissances sur:
- la consommation des ménages
- les soldes
- l'importance du facteur prix
- une clientèle d'estivants
- les relèvements d'impôts
- la rentrée scolaire.

8B L'INSEE

L'INDICE DES PRIX RAJEUNIT

Effervescence des grands jours à l'Institut national de la statistique et des études économiques. Le 26 février, il publie un nouvel indice mensuel des prix à la consommation. Un véritable événement, puisque pareille transformation n'avait eu lieu depuis vingt-deux ans.

Première modification, la plus visible: le changement d'année de référence. La base de 100 du nouvel indice devient l'année 1990 au lieu de l'année 1980. Deuxième modification spectaculaire: le nombre de «postes» qui compose l'indice. Il passera de 296 actuellement à 266. Les nostalgiques en seront pour leurs frais. L'INSEE sort de l'indice le miel, le saindoux, les infusions et les charbons de bois qui sentaient bon la vieille France, mais que leur place de plus en plus réduite dans le budget des ménages, a condamnés.

En contrepartie, l'INSEE crée six nouveaux postes: transports aériens, transports maritimes et côtiers, location de voiture, transports par ambulance, services funéraires et services vétérinaires. Grâce à ces six ajouts, le nouvel indice couvrira 92,3% de la consommation réelle des Français, assurent les experts de l'INSEE. Il ne manque plus que les services juridiques (notaires, avocats, conseils), les jeux de hasard, les services domestiques, les hôpitaux et cliniques privés, les établissements pour personnes âgées, les crèches et quelques autres services non marchands. Il est prévu d'y incorporer les services d'assurance dans deux ans au plus tôt.

Rajeuni et plus complet, le nouvel indice sera aussi plus représentatif. Jusqu'à présent, la population de référence de l'indice était constituée par les ménages urbains dont le chef était ouvrier ou employé. Or, en raison de l'évolution de la population active, ces derniers ne représentaient plus que 25% de l'ensemble des ménages français. Le nouvel indice corrigera cette anomalie en s'intéressant aux dépenses de l'ensemble des ménages.

Principale conséquence: le poids du poste loyers a été diminué assez sensiblement. Car les Français qui ne sont pas ouvriers ou employés sont nettement plus souvent propriétaires de leur logement que les seuls ouvriers et employés. Néanmoins, l'indice des prix ouvrier ou employé sera toujours calculé et publié par l'INSEE. Un impératif lié au fait que cet indice est celui qui sert de base légale aux revalorisations du Smic.

De cette façon, l'analyse et le diagnostic économiques ne devraient pas être négatifs. Plusieurs grilles de lecture du taux d'inflation seront, en effet, rendues possibles. La diffusion du nouvel indice se fera par voie de consommation (alimentation, habillement, santé, transports . . .), ce qui parlera plus au grand public et aux entreprises du secteur. Une seconde grille de prix sur la durée de vie des produits sera présentée: biens consommés immédiatement comme l'énergie, biens semi-durables du type habillement, biens durables comme les meubles ou les appareils ménagers et les services. L'INSEE continuera, en outre, à rendre publics les prix moyens par kilo ou par litre pour environ 200 types de produits. Enfin, et tout le monde s'en réjouira, l'INSEE réalisera un gain de temps dans les délais de parution des indices. L'estimation provisoire de la hausse des prix tombera sur les télex le 10 du mois, au lieu du 15 actuellement, et la sortie définitive de l'indice des prix aura lieu le 20 de chaque mois (au lieu du 30).

Dernier progrès permis par le changement: l'indice se montrera plus sensible aux fluctuations. Les prix des produits frais (fruits et légumes), qui subissent de fortes variations en cours d'année suivant les saisons, seront traités comme les autres. C'est-à-dire que l'INSEE n'en lissera plus les à-coups. Le même souci d'une plus grande vérité des prix s'exercera sur ceux des vêtements. Ils seront relevés une fois par mois et non plus tous les trois mois. Avantage: l'impact des changements de collections ou des soldes sera beaucoup mieux évalué. Enfin, il en sera de même pour les loyers. Philosophie de tous ces aménagements: rapprocher de plus près l'indice du panier de la ménagère des années 90.

Philippe Plassart, *Le Nouvel Economiste*,
26 février 1993

LEXIQUE

l'INSEE l'Institut national de la statistique et des études économiques

l'indice des prix à la consommation un guide destiné à caractériser l'évolution des prix et des biens de consommation par rapport à une année donnée

un poste un produit de référence utilisé dans l'indice des prix

les nostalgiques en seront pour leurs frais le nouvel indice ne plaira pas aux gens qui préfèrent le passé

qui sentaient bon la vieille France qui représentent la France telle qu'on la connaissait autrefois

en contrepartie en compensation, pour compenser

les ménages urbains les familles habitant en ville

la population active l'ensemble des personnes qui exercent une activité professionnelle

servir de base légale servir de référence du point de vue de la loi

le SMIC le Salaire minimum interprofessionnel de croissance, ou salaire minimum garanti

une grille de lecture un tableau chiffré destiné à faciliter la lecture de données statistiques

la durée de vie la période durant laquelle les produits sont utilisables

les biens semi-durables les denrées ayant une durée de vie moyenne

les biens durables les marchandises ayant une durée de vie longue

réaliser un gain de temps perdre moins de temps à faire quelque chose

lisser les à-coups atténuer les hausses ou baisses subites

le panier de la ménagère le budget destiné aux achats des ménages, qui sert de référence économique

QUESTIONS

1 Pourquoi le nouvel indice mensuel des prix à la consommation est-il un événement?

2 Quelle est l'année de référence adoptée pour ce nouvel indice?

3 Quelle autre modification a été apportée à l'indice?

4 Comment a-t-on compensé la suppression des postes dits démodés?

5 Qu'en est-il de l'incorporation des services d'assurance dans l'indice des prix?

6 Quel défaut avait l'indice précédent en ce qui concerne la population de référence?

7 Pourquoi l'indice des prix ouvrier ou employé sera-t-on toujours calculé?

8 Que va permettre le nouvel indice en matière de lecture et de diagnostic?

9 Quelle différenciation sera établie entre les divers produits?

10 Que permettra le nouvel indice en matière de délais de parution?

11 Comment propose-t-on de rendre le nouvel indice plus sensible?

12 Quelle est l'intention de l'INSEE dans sa politique d'amélioration de la précision?

RESUME

Faites le résumé de cet article en moins de 250 mots.

8c   *Action syndicale*

UNE JOURNEE DE CONFRONTATION

Une interview de Chantal Cumunel, numéro deux de la Confédération Générale des Cadres (CGC).

QUESTIONS

1 Why, according to Chantal Cumunel, did the CGC agree to a meeting with the government?

2 How does the CGC answer criticism of its participation in these talks?

3 Why is the CGC to hold talks with the government rather than with the CNPF?

4 How does Chantal Cumunel assess the CNPF's refusal to meet the CGC for talks?

5 Has the CGC any major criticisms to make of government ministers?

6 How does the CGC intend to put its case to the government?

7 What other issues does the CGC intend to raise at this meeting?

8 How does Chantal Cumunel account for the current rate of union membership among executives in France?

9 What particular dilemma are executives faced with today?

10 How does Chantal Cumunel suggest executives should view trade union activity?

LEXIQUE

récupérer   *to take over, appropriate*
une proposition   *offer, proposal*

la montée du chômage   *the rise in unemployment*
gérer   *to handle (a risk)*
l'attentisme (m.)   *wait-and-see attitude, policy*
le CNPF (le Conseil national du patronat français)   *National Council of French Employers*
un interlocuteur privilégié   *the person one prefers to deal with*
le monde patronal   *the employers' side*
dialoguer avec   *to have talks with*
il s'avère que   *it transpires, turns out that*
perturber   *to disrupt, interfere with*
concourir à   *to combine to (do sth)*
s'attacher à   *to set out to (do sth)*
la reprise d'une entreprise par les cadres   *management buyout*
délaisser   *to abandon, neglect*
l'encadrement (m.)   *managerial staff*
inverser les courbes du chômage   *to reverse unemployment trends*
inciter qn à   *to encourage s.o. to (do sth)*
la relance économique   *reflation*
un prélèvement social   *social security contributions*
ambiant(e)   *prevailing*
la syndicalisation   *unionisation*
associatif (–ive)   *belonging to an association*
être perçu(e) comme   *to be seen as*

EXPOSE

Faites une présentation des propositions que Chantal Cumunel avancera lors de sa rencontre avec le gouvernement.

8D   *Thème*

CONSUMER SPENDING IN FRANCE

The French National Institute of Statistics and Economic Studies has just published a new consumer price index which has been completely transformed. Not only has the base year been changed, but some items have also disappeared and been replaced by new, more realistic ones intended to afford a better analysis of household spending in the France of the nineties. Furthermore, the reference population will no longer be based on the working-class population, but will give the general picture for all households. The definitive version will be available on the 20th of each month instead of the 30th as before. Last but not least, by ironing out price variations on a number of seasonal items, the new index will be more sensitive to fluctuations in the economy.

As for French consumers, they are becoming increasingly economical and prefer to make the most of special offers. With the rise in the tax burden, the price of goods and services is a vital factor in reducing expenditure. Although department stores in Paris and hypermarkets are doing well thanks to French and foreign tourists, the same is not true for hoteliers and restaurant owners, as their clients are always looking for lower prices. The car trade is also having to cope with increased difficulties, since second-hand bargains and limited editions can only steady sales temporarily.

LEXIQUE

destiné(e) à
fournir
la population ouvrière
le tableau général
comme auparavant
enfin et surtout
gommer
les fluctuations économiques
profiter de
la pression fiscale
un facteur décisif
une réduction des dépenses
se porter bien
il en va de même pour
être à la recherche de
faire face à
accru(e)
une voiture d'occasion
une série limitée

8E *Présentations et débats*

ENQUETE SUR LE NIVEAU DE VIE

1 Un expert de l'INSEE fait une présentation sur la dernière transformation de l'indice des prix à la consommation.

Imaginez cette présentation devant l'assemblée d'une association de consommateurs.

2 Un jeune diplômé est interviewé sur le rôle de l'action syndicale dans le combat du maintien du niveau de vie des cadres.

Réalisez cette interview au lendemain d'une réunion houleuse de la CGC.

3 Le directeur d'une agence de marketing réunit son équipe avant de mener une enquête sur le comportement des consommateurs français.

Organisez cette réunion à la demande d'un hypermarché dont le directeur de marketing sera aussi présent.

Thèmes à discuter

1 L'évolution de la population active
2 Les stratégies économiques et financières
3 Le risque d'une rechute des dépenses
4 Le facteur prix
5 La pression fiscale
6 Les mesures de soutien
7 La relance économique
8 Le panier de la menagère
9 Les soldes et les promotions
10 Les occasions et les séries spéciales
11 Les ventes du grand commerce
12 Une journée de confrontation

ET SI NOUS FAISONS CETTE GRÈVE, C'EST DANS VOTRE INTÉRÊT, COMME DANS LE NÔTRE, MONSIEUR LE DIRECTEUR!

dossier 9

LES TELECOMMUNICATIONS

9A   Télématique

LE MINITEL TOUJOURS EN FORME

La télématique continue de bien se porter en France. Malgré un contexte économique morose, le chiffre d'affaires des services télématiques a augmenté de 10% l'année dernière, pour atteindre 5,8 milliards de francs. Celui d'Audiotel (les informations diffusées par téléphone accessibles par les préfixes 3664 à 3670) a explosé. Il a progressé de 25%, et s'élève désormais à 1,28 milliard de francs. En un an, le nombre de services vocaux a triplé pour atteindre quelque 1 900 codes. Les services bancaires, qui permettent la consultation des comptes par téléphone, ayant connu le plus fort développement. Désormais, le parc des Minitel s'élève à 6,2 millions d'appareils (+4,8% par rapport à l'année dernière). La barre des 20 000 services a été franchie (+18%), et le trafic total a atteint 110 millions d'heures (+4,8%) avec plus d'un milliard d'appels.

Avec 760 millions d'appels, l'annuaire électronique (le 11) demeure le best-seller des services, avec un trafic de 23 millions d'heures (+3,7%). Il dépasse désormais les demandes de renseignements téléphoniques sur le 12. Viennent ensuite les services de transport et de réservation, les services bancaires, la vente par correspondance, les loisirs et spectacles et la méteo. Quant aux messageries roses, elles sont reléguées au dernier rang des consultations. Les consommateurs délaissent également les services ludiques au profit des services diffusant des informations pratiques. Sur le plan des matériels, l'année dernière a été marquée par le lancement des Minitel couleur, l'apparition de la technique dite du «langage naturel» sur l'annuaire télématique, qui permet une recherche plus rapide et précise.

Cette année sera celle du développement du télépaiement par Minitel; soit en autorisant, au moyen d'un code, le prélèvement d'une facture sur son compte bancaire, soit en utilisant directement un lecteur de carte à mémoire connecté au Minitel. Mais les innovations les plus importantes sont attendues pour l'année prochaine. France Télécom proposera une nouvelle gamme de Minitel, associant nouvelle esthétique, vitesse et possibilité de télépaiement. La communication sur ces terminaux rapides devrait coûter quelque 20% plus cher au premier palier, sachant qu'il y aura trois niveaux de vitesse selon les utilisations. Enfin, le Minitel photo devrait également être commercialisé l'année prochaine.

Le Figaro économie, 4 mars 1993

LEXIQUE

la télématique   l'ensemble des techniques et des services qui associent les télécommunications et l'informatique

le Minitel   un terminal relié à un système informatique central, qui rend de nombreux services aux particuliers et à l'industrie

bien se porter   la télématique est en bonne santé

un contexte économique morose   la situation économique traverse une période difficile

l'Audiotel   un service qui permet d'obtenir des informations par téléphone

les services vocaux   tous les services offerts par l'Audiotel

le parc des Minitel   l'ensemble des appareils Minitel disponibles en France

le trafic total   le nombre total d'heures d'utilisation du Minitel

un annuaire électronique   un service offert par Minitel, qui permet de consulter sur écran les adresses et numéros de téléphone

les messageries roses   les services de conversations d'orientation sexuelle, plus ou moins controversés

reléguer au dernier rang   placer en dernière position des consultations

les services ludiques   les services qui proposent des jeux, des divertissements

le «langage naturel»   le langage courant, utilisé au quotidien et le plus facile à suivre

le télépaiement   un service qui permet de payer une facture par l'intermédiaire du Minitel

le prélèvement d'une facture   le montant de la facture est débité d'un compte bancaire

un lecteur de carte à mémoire   un système permettant de lire et d'identifier une carte à puces

une nouvelle esthétique   le Minitel change de présentation, est plus attrayant

au premier palier   au premier niveau, au premier degré

VRAI OU FAUX?

Justifiez votre réponse.

1   La mauvaise conjoncture économique a eu un effet néfaste sur la télématique.

2   Les services bancaires donnent la possibilité de vérifier le solde d'un compte en banque.

3 L'annuaire électronique est un concurrent redoutable pour les autres services.

4 Depuis l'année dernière, aucune innovation concernant le Minitel n'a été réalisée.

5 Le service sur Minitel permettant le paiement d'une facture commence à se répandre en France.

6 L'augmentation de 20% du prix de la communication dépend de la durée de l'appel.

VOUS AVEZ LA PAROLE

Précisez vos connaissances sur:

- un compte bancaire
- l'annuaire électronique
- les services ludiques
- le «langage naturel»
- le télépaiement
- une carte à mémoire.

9B *Téléphone de poche*

LE BI-BOP FAIT SON ENTREE DANS PARIS

Ça y est! Le téléphone de poche entre dans Paris. De votre baignoire, du métro ou du resto, pour moins de 2 000 francs abonnement compris, vous pouvez joindre le reste de la planète . . .

Regardez bien votre téléphone. Bêtement arrimé à sa prise, fil emmêlé, cordon tire-bouchonné, n'est-il pas parfaitement encombrant, toujours en équilibre sur un dossier, prêt à glisser de votre bureau? Ce 22 avril, notre bon vieux combiné ne sera plus qu'un objet préhistorique de plus, à ranger avec le poste de radio à galène et le pick-up. Le Bi-Bop entre dans Paris: un téléphone de poche digne de James Bond, calibré comme un paquet de cigarettes ultra light (180 grammes), qui vous suivra partout. Dans la rue ou dans le métro, du supermarché au restaurant, de votre bureau à votre baignoire, plus rien ne pourra vous empêcher de communiquer, à tout instant, avec la planète entière. A condition que ce soit vous qui appeliez, car pour le moment le Bi-Bop ne peut recevoir d'appels.

Rien à voir avec l'encombrant radiotéléphone et son antenne qui dépasse de l'attaché-case, comme les poireaux du cabas de la ménagère, ses grésillements barbares et ses tarifs prohibitifs. A 1 890F le combiné (TTC), 54,40F l'abonnement de base mensuel et 0,83F par minute en plus de l'unité de base, le Bi-Bop devrait séduire un public plus large que la poignée de cadres sup qui bénéficient − généralement aux frais de leur société − d'un Radiocom 2000. «C'est le téléphone du futur, qui s'adresse à tout le monde. Nos comportements téléphoniques vont en être complètement modifiés», prédit Marc Brussol, directeur de France Télécom Mobiles. A Strasbourg, 2 000 personnes l'ont testé durant dix mois. Résultat? 60% des utilisateurs ont acheté l'appareil au terme de l'expérience. Et un tiers d'entre eux avec leurs propres deniers . . . Une révolution culturelle!

A la surprise de France Télécom, les femmes l'ont plutôt boudé: 8 bi-bopeurs sur 10 sont des hommes. L'utilisateur type? Masculin, jeune, mobile, cadre moyen ou de profession libérale: des médecins aux plombiers, en passant par les électriciens, les infirmières et les représentants, les travailleurs indépendants l'ont plébiscité. Une clientèle assez large qui montre que le Bi-Bop «n'est pas perçu comme un objet de frime ni comme un gadget», assure Marc Brussol. Pour Paris, «où le mode de vie se prête encore plus au Bi-Bop qu'à Strasbourg», la direction de France Télécom table sur 30 000 bi-bopeurs avant la fin de l'année, 350 000 d'ici deux ans.

Le Bi-Bop va-t-il donc enterrer le radiotéléphone, qui, avec seulement 400 000 abonnés dans toute la France, avait déjà bien du mal à s'imposer? Comprenez que le premier est un objet nomade exclusivement urbain, tandis que le second est un instrument lourd pour campagne lointaine. Car, attention, pas question de prendre la route avec le Bi-Bop; le petit dernier de France Télécom est et restera uniquement adapté à la ville. Pour l'utiliser, il faut en effet se trouver dans une zone d'appel: à moins de 200 mètres d'une borne de liaison. Or, pour l'instant, seules Strasbourg et la région parisienne sont équipées.

Attention aussi: pour utiliser le Bi-Bop, il faut être à l'arrêt. Idéal lorsque vous êtes coincé dans un embouteillage. Le feu passe au vert? Vous êtes coupé. Au bureau ou chez soi, il s'utilisera comme un téléphone sans fil classique. A condition d'investir 4 500 francs dans l'installation personnelle, il ne vous coûtera pas plus cher en communications qu'un appareil ordinaire. Et vous pourrez même être appelé.

Car le plus gros handicap du Bi-Bop des rues, c'est qu'il ne permette pas encore la réception d'appels . . . Mais cela n'inquiète pas France Télécom: «80% des utilisations du radiotéléphone sont des appels. Pour le Bi-Bop, la réception était techniquement possible, mais le coût supplémentaire était trop important par rapport au service rendu», expliquent les responsables. Dès septembre, ils commercialiseront un système équipé d'une messagerie vocale ... Le comble de la liberté comme le souligne Marc Brussol, ou le début d'un nouvel esclavage?

Natacha Tatu, *Le Nouvel Observateur*, 22/28 avril 1993

LEXIQUE

un téléphone de poche   un téléphone de petit format, de petite dimension, que l'on peut transporter partout

un objet préhistorique   un objet très ancien, suranné

des grésillements barbares   des interférences ennuyantes qui perturbent les communications téléphoniques

un tarif prohibitif   des prix si élevés qu'ils freinent l'achat ou la vente

TTC   toutes taxes comprises

des cadres sup   des cadres supérieurs exerçant des fonctions de direction dans une entreprise

aux frais de la société   les appareils sont à la charge financière de la société

au terme de l'expérience   à la fin du test

avec leurs propres deniers   les utilisateurs ont acheté le Bi-Bop avec leurs propres finances

un objet de frime   un objet pour se faire remarquer, pour impressionner les autres

d'ici deux ans   dans deux ans, avant deux ans

enterrer   mettre fin au radiotéléphone, le faire disparaître

un objet nomade   un objet conçu pour être transporté partout, par ceux qui se déplacent

une zone d'appel   un champ à l'intérieur duquel il est possible d'appeler en utilisant le Bi-Bop

une borne de liaison   un terminal destiné à permettre les appels dans une zone délimitée

le plus gros handicap   le plus grand inconvénient, défaut

une messagerie vocale   la transmission des messages au moyen de la parole

QUESTIONS

1 Qu'est-ce que le Bi-Bop? Quel en est le prix?

2 Quels sont les avantages du Bi-Bop?

3 De quelle façon le Bi-Bop vaut-il mieux que le radiophone?

4 Comment Marc Brussol décrit-il le Bi-Bop?

5 Le test réalisé à Strasbourg a-t-il été concluant?

6 Quel est l'utilisateur type de ce genre de téléphone?

7 Quelles sont les prévisions de France Télécom en ce qui concerne le développement du Bi-Bop?

8 Comment le Bi-Bop diffère-t-il du radiotéléphone?

9 De quelle manière l'utilisation du Bi-Bop est-elle restreinte?

10 Est-il possible d'utiliser le Bi-Bop chez soi?

11 Quel est le point faible de ce nouvel appareil?

12 Quel développement prévoit-on pour le Bi-Bop dans le proche avenir?

RESUME

Faites le résumé de cet article en moins de 250 mots.

9C   *France Télécom*

L'EUROPE DES TELECOMMUNICATIONS

Une interview de Marcel Roulet, le P-DG de France Télécom.

QUESTIONS

1   What role does Marcel Roulet see for telecommunications companies in building an integrated Europe?

2   What current opportunity should be seized with the greatest urgency?

3   What communications problems do Europeans encounter when travelling abroad?

4   What convenience services should be available to users in the future?

5   Will Franco-German co-operation solve the problems of building a European telecommunications system?

6   Is a similar Franco-British partnership likely?

7   Will partnerships in European telecommunications be limited to two or three countries?

8   Is deregulation likely to have a beneficial effect on European telecommunications?

9   What are Marcel Roulet's views on pricing policies?

10   What issue will Brussels need to address in the face of deregulation?

LEXIQUE

il reste à   *it remains to*
un opérateur   *telecommunications company*

un réseau   *network*
un débit   *output*
performant(e)   *efficient*
tenir qch pour acquis   *to take sth for granted*
cela va de soi   *it goes without saying*
un particularisme   *characteristic*
une spécificité   *(specific) characteristic*
une efficacité   *effectiveness, efficiency*
une volonté politique   *political will*
renvoyer   *to redirect, send on*
un répondeur   *(telephone) answering machine*
préjudiciable   *prejudicial, detrimental*
un rapprochement   *alliance, understanding*
afficher   *to declare (an ambition)*
privilégier   *to favour, give priority to*
se refermer sur   *to withdraw into*
un promoteur   *instigator, promoter*
la déréglementation   *deregulation*
remettre en cause   *to call into question, rethink*
empêcher   *to prevent, stop*
un abonnement   *rental system charge*
lier à   *to connect, link to*
le prix de revient   *cost price*
les flux de trafic   *number of calls made*
la légitimité   *legitimacy, lawfulness*
l'aménagement du territoire   *national and regional development*

EXPOSE

Faites un exposé oral sur la stratégie préconcisée par Marcel Roulet pour la création de l'Europe des télécoms.

9D *Thème*

THE GREAT LEAP FORWARD IN TELECOMMUNICATIONS

Away on business, in the office or at home, French people nowadays feel a compelling need to communicate or obtain information, a need partly fed by the increasing popularity of telecommunications over the last decade. France Telecom, the French telecommunications company, has just launched a pocket-sized telephone called 'Bi-Bop' onto the market. Light in weight, small in size and usable anywhere, this new phone has many advantages. It also has its weak points, as you have to be in a town covered by a special network, and within 200 metres of a terminal, in order to use it. Furthermore, although the Bi-Bop is cheaper than a normal radiotelephone, one of its major drawbacks is that you cannot yet take incoming calls.

Minitel, which was invented by the French postal and communications service, gives the general public access to a large number of viewdata services, the most often used of which is the electronic directory. Then come transport and booking services, mail-order sales, leisure activities, entertainments and the weather forecast. Various innovations are in service or at the planning stage: Minitel in colour, plain language intended to make it easier to consult the directory, and a service which allows the customer to pay bills. Finally, the most important innovations will be the introduction of a new, attractive design, high-speed terminals and a Minitel photo service.

LEXIQUE

un bond en avant — *increasing pop*
en déplacement — *away on bus.*
éprouver un besoin
irrésistible — *compelling*
en partie
un essor
au cours de
un poids réduit — *light in weight.*
n'importe où
un inconvénient
jusqu'à présent
le grand public
accéder à
à l'état de projet
faciliter
régler les factures

9E *Présentations et débats*

DEBAT SUR LES NOUVEAUX OUTILS DE COMMUNICATION

1 Un porte-parole des PTT présente la gamme des services télématiques désormais disponibles aux Français, chez eux ou en déplacement.

Imaginez cette présentation faite au public lors d'une journée portes ouvertes à France Télécom.

2 Un cadre supérieur est interviewé par un journaliste à propos de la nécessité d'un réseau européen de télécommunications.

Réalisez cette enquête au salon de départ de l'aéroport Roissy-Charles-de-Gaulle.

3 Le chef du personnel convoque une réunion afin de faire le point sur le remplacement éventuel du radiotéléphone par un téléphone de poche pour le personnel itinérant.

Organisez cette discussion en convoquant le directeur technique et plusieurs employés itinérants: agents, ingénieurs, représentants, etc.

Thèmes à discuter

1 L'harmonisation européenne
2 Une politique d'alliance
3 Le partenariat ou la compétition?
4 La déréglementation
5 Le service public
6 Audiotel et Minitel
7 Radiocom 2000 et Bi-Bop
8 La réception des appels
9 L'annuaire téléphonique
10 Les flux de trafic
11 Le télépaiement
12 Liberté ou esclavage

dossier 10

LA PUBLICITE ET LES MEDIAS

10A Campagne publicitaire

LE RETOUR DE SHELL A LA TELEVISION

Ce soir, Shell fait sa rentrée publicitaire sur toutes les chaînes de télévision avec un spot de 30 secondes, qui sera diffusé une centaine de fois jusqu'à la mi-juillet. Budget de l'opération: une quinzaine de millions de francs. La somme, en soi, n'a rien de faramineux. Ce qui fait figure d'événement, c'est plutôt le fait qu'après deux années de quasi-silence à la télévision, la Shell prend un nouveau départ dans sa politique de communication.

La compagnie au célèbre coquillage, dont le budget de publicité est confié depuis trente-huit ans à Publicis, met en pratique l'un des aspects de son nouveau «schéma-cadre» pour la communication externe, établie au cours de l'été dernier par le comité image de Shell-France. Parmi les principes retenus figure en bonne place l'objectif de communiquer désormais sur des faits et des réalités. «Pas de promesse gratuite du type: nous prenons soin de vous», indique ce rapport qui souligne alors l'importance de «se différencier de la concurrence et de rechercher une préférence au niveau plus global de la marque».

C'est précisément ce que fait ce nouveau film Shell, qui ne se contente pas de vanter la qualité énergétique du «Superplus sans plomb 98», mais met aussi en évidence ses fonctions de maintenance et de longévité pour les moteurs. Pour illustrer leurs propos, les concepteurs de Publicis ont imaginé une curieuse histoire, qui pourrait faire croire aux téléspectateurs distraits, que Shell est devenue une marque de dentifrice. On y voit en effet un père de famille brosser vigoureusement une soupape de moteur dans un lavabo, tandis que ses enfants se brossent tout aussi vigoureusement les dents. Jusqu'au moment où, comme par enchantement, le «chevalier blanc» de Shell survient dans la salle de bains familiale, et affirme: «Eh oui, pour votre moteur aussi, l'hygiène est vitale: si vous utilisez n'importe quel carburant, voilà ce qui arrive.» S'ensuit alors l'image d'une soupape pleine de dépôts. Avec cette conclusion: «Pour éviter baisses de régime et pertes de puissance, Shell Superplus et Shell formule diesel sont là pour protéger votre moteur. CQFD.»

La période choisie pour le lancement de cette nouvelle campagne Shell correspond naturellement à l'époque des longs week-ends et des départs en vacances, où les automobilistes sont évidemment plus nombreux sur les routes. Le résultat, en tout cas, se différencie assez nettement des autres campagnes pétrolières qui sortent actuellement, comme celle de Total ou celle d'Esso.

Maurice Dalinval, *Le Figaro économie*, 6 mai 1992

LEXIQUE

une campagne publicitaire une action s'occupant de la publicité de durée déterminée et mettant en œuvre d'importants moyens afin de lancer et/ou vendre un produit
un spot un message publicitaire de courte durée passée à la télévision

rien de faramineux la somme consacrée à cette opération n'est pas excessive
ce qui fait figure d'événement ce qui se présente comme un fait marquant
le quasi-silence un silence presque total, un manque presque complet de publicité télévisée de la part de Shell
un coquillage l'emblème de Shell, en forme de coquille Saint-Jacques
un schéma-cadre le projet de Shell concernant la communication externe
le comité image une réunion de personnes s'occupant de l'image de la société
le niveau global la marque Shell doit être appréciée dans son ensemble, pour elle-même
Superplus sans plomb 98 une essence Shell qui ne contient pas de résidus de plomb
mettre en évidence souligner, mettre bien en vue
les concepteurs les agents de Publicis qui proposent des projets, des idées pour la campagne publicitaire de Shell
comme par enchantement comme si quelque chose de magique, de merveilleux se produisait
un chevalier blanc celui qui vient sauver les gens dans la détresse en donnant des conseils
pleine de dépôts la soupape est remplie de matières solides
une baisse de régime le moteur fonctionne moins bien à cause des soupapes encrassées
une perte de puissance le moteur perd de sa capacité, de son énergie
CQFD ce qu'il fallait démontrer, cette expérience ayant démontré l'efficacité de l'essence Shell

VRAI OU FAUX?

Justifiez votre réponse.

1 Shell annonce son retour sur les écrans, après une période d'interruption au niveau publicitaire.

2 Shell a défini une nouvelle politique de communication.

3 L'objectif de Shell est de rassurer les automobilistes, en garantissant qu'elle veille constamment au bien-être de ses clients.

4 Le but des concepteurs de Publicis est de faire croire que Shell est devenue une marque de dentifrice.

5 Le slogan de Shell donne un avertissement clair aux automobilistes.

6 Le choix de la période de diffusion de la nouvelle publicité Shell n'a aucune importance.

VOUS AVEZ LA PAROLE

Précisez vos connaissances sur:

- une campagne publicitaire
- un spot
- une politique de communication
- la communication externe
- un chevalier blanc
- l'époque des longs week-ends.

10B *Merchandising*

SEDUCTION A TOUS LES RAYONS

Quand un marchand des quatre saisons présente sur son étal, pour attirer le regard, des fruits lustrés rangés en pyramide, les plus beaux coupés en deux pour susciter l'appétit, il fait du merchandising. Comme M. Jourdain faisait de la prose. Avec le développement des grandes surfaces, les techniques permettant d'optimiser les ventes (assortiment, aménagement ...) sont devenues plus sophistiquées. Et aujourd'hui apparaît un nouveau métier, celui de «merchandiser», présent aussi bien dans les chaînes de distribution que chez les industriels de la grande consommation. Sa fonction est double. Dans un premier temps, il réalise des études de marché et définit un plan d'action: c'est le merchandising de gestion. Ensuite, il le met en œuvre dans les linéaires des magasins: c'est le merchandising de séduction.

De plus en plus nombreuses sont les entreprises qui ont créé un poste de spécialiste ad hoc. Notamment dans le secteur agroalimentaire, où la concurrence est très forte et où la nécessité de présenter ses produits à la bonne place dans les rayons, est vitale. Les responsables merchandising ainsi promus ont des parcours professionnels assez proches: ils viennent tous de la fonction commerciale. «Pour faire ce métier, il faut avoir une parfaite connaissance du terrain. Sinon, il manque toujours un élément dans notre réflexion», soutient Sylvie Alvinerie, présidente du Club Synergie Merchandising. Actuellement responsable du développement des ventes chez William Saurin, elle était auparavant chef de secteur dans cette société.

Itinéraire voisin pour Fabrice Derbois, responsable merchandising chez Fralib (les thés et les infusions Lipton, les soupes Royco): «De formation tech de co (techniques de commercialisation), j'ai débuté comme commercial dans la société, avant de devenir chef de secteur. Lorsque le poste de responsable merchandising a été créé, j'ai tout naturellement été choisi.» Didier Martel, spécialiste chez Elida Gibbs Fabergé (groupe Unilever, produits d'hygiène et de beauté), a eu la chance de travailler dix ans chez le pionnier français du merchandising, L'Oréal. Premier groupe d'importance à se pencher sur ces techniques nées aux Etats-Unis, le leader des cosmétiques a développé des outils spécifiques (immobilier, habillage de linéaires . . .) «J'ai commencé comme vendeur en 1972, et j'ai pu apprécier les progrès des méthodes déployées.»

Même si le terrain est un point de passage obligé, la formation de base ne doit pas être négligée. Aucun IUT ne délivre de diplôme de merchandiser. Mais des cours sont donnés sur cette matière dans le cursus du diplôme tech de co. Côté grandes écoles de commerce, HEC propose un enseignement spécifique, inclus dans les matières de base, avec possibilité de spécialisation en troisième année, et l'ESSEC dispense des cours en deuxième et en troisième année. Quant à l'ESCP, elle offre des modules dans le tronc commun et des options d'approfondissement. Des filières plus pointues existent en formation permanente. Elles émanent de cabinets-conseils spécialisés, comme BCMW, Alain Wellhoff consultants ou Actes d'achat. Autre organisme à se recycler: l'Institut Français du Merchandising, qui est organisateur de journées d'études et de séminaires depuis six ans.

Spécialiste de pointe, le merchandiser a une rémunération annuelle comprise entre 200 000 et 300 000F. Situé à la charnière entre la vente et le marketing, il pourrait espérer poursuivre sa carrière dans ce dernier domaine. C'est rarement le cas. «J'ai voulu devenir chef de produit. Ça n'a pas été possible», explique Dominique Audet, fondatrice du cabinet Ad'Comm, après avoir été, pendant six ans, responsable du merchandising chez Spontex. Le cheminement le plus classique, après avoir occupé un poste de merchandiser, est de retourner au commercial pur, avec rang de directeur. Un parcours peu . . . linéaire!

Patrick Cappelli, *L'Express*, 11/17 avril 1991

LEXIQUE

à tous les rayons   dans toutes les allées des grandes surfaces où sont exposés les produits

un marchand des quatre saisons   un vendeur de fruits et légumes

comme M. Jourdain faisait de la prose   le marchand fait du merchandising sans le savoir, sans connaître le terme «merchandising»

les industriels de la grande consommation   les fabricants des produits vendus en grandes surfaces

réaliser une étude de marché   interroger un échantillon représentatif de la population afin de prévoir le succès d'un produit sur le marché

définir un plan d'action   choisir la meilleure stratégie à appliquer sur le terrain

le merchandising de gestion   les prévisions des actions à mettre en œuvre pour stimuler les ventes

les linéaires des magasins   les rayons et l'étalage des produits dans les magasins

le merchandising de séduction   la mise en pratique de la stratégie choisie pour attirer l'œil des clients sur les produits

un poste de spécialiste ad hoc   un employé parfaitement qualifié pour le merchandising

des parcours professionnels assez proches   le cheminement, le profil d'une carrière similaire

une parfaite connaissance du terrain   une très bonne expérience dans le domaine commercial

un itinéraire voisin   un parcours de carrière similaire

les techniques de commercialisation   les méthodes permettant la mise en vente de produits et la répartition de ces produits dans le commerce

développer des outils spécifiques   créer des équipements permettant d'améliorer la présentation des produits dans les magasins

l'habillage des linéaires   l'art d'exposer les marchandises sur les étagères d'un rayon de façon séduisante

IUT   Institut universitaire de technologie

les grandes écoles de commerce   terme général pour désigner les établissements spécialisés dans l'enseignement supérieur du commerce

HEC   (Ecole des) Hautes études commerciales

ESCP   Ecole supérieure de commerce de Paris

le tronc commun   les premières années d'un cycle d'enseignement, où le programme est obligatoire et le même pour tous

une option d'approfondissement   un cours facultatif dont le but est de perfectionner l'étude de cette matière

des filières pointues   des matières qui sont plus spécialisées

QUESTIONS

1 Pourquoi les techniques de stimulation des ventes sont-elles devenues plus sophistiquées?

2 En quoi consiste le métier de «merchandiser»?

3 Que sont obligés de faire les magasins pour se maintenir dans la concurrence?

4 Quel est le point commun entre les personnes qui ont une fonction de responsable de merchandising?

5 Fabrice Derbois a-t-il débuté dans la société Fralib comme chef de secteur?

6 Comment Didier Martel profite-t-il de ses années passées chez L'Oréal?

7 Quel équipement développé par L'Oréal permet une meilleure présentation des produits du groupe?

8 Que faut-il avoir accompli avant d'exercer la fonction de merchandiser?

9 Quels sont les établissements qui assurent des cours sur le merchandising?

10 Trouve-t-on des filières plus pointues en France?

11 Le merchandiser est-il bien rémunéré?

12 Quel est le parcours le plus commun après la fonction merchandising?

RESUME

Faites le résumé de cet article en 200 mots.

10C   L'Express

LA GRANDE CHANCE DE LA PRESSE ECRITE

Une interview de Françoise Sampermans, P-DG de *L'Express*, le plus ancien des news magazines français, qui est aujourd'hui la propriété de la Générale occidentale, filiale du groupe Alcatel-Alsthom.

QUESTIONS

1 How much progress has been made in the linking of Le Point and L'Express?

2 In what areas have savings been made to date?

3 Does Françoise Sampermans believe that further savings can be made?

4 What measures have been introduced in order to reduce the total wages bill at L'Express?

5 What are Françoise Sampermans' continuing aims concerning the workforce?

6 Does Françoise Sampermans consider that it will be possible to return L'Express to profitability?

7 What is the picture concerning the circulation figures for L'Express?

8 Is the income from advertising in a healthy state?

9 What are the media ambitions held by Alcatel and Générale occidentale?

10 Is Françoise Sampermans optimistic about the future prospects for the press in France?

LEXIQUE

prêter   *to attribute, ascribe (ambitions to s.o.)*
un GIE (Groupement d'Intérêt Economique)   *an association for developing commercial interests*
un abonnement   *subscription*
un couplage   *joint deal*
une économie   *saving*
un rapprochement   *connection, links*
les frais d'impression   *printing costs, charges*
remplir son contrat   *to fulfil a pledge*
une réduction d'effectifs   *staff cuts*
le volontariat   *on a voluntary basis*
un départ accompagné   *redundancy payment, package*
la masse salariale   *(total) wage bill*
faire le bilan   *to assess*
équilibrer les comptes   *to balance the accounts*
un mécène   *sponsor*
la diffusion   *(press) circulation*
les recettes (f.pl.)   *receipts, income*
les petites annonces   *classified advertisements, small ads*
une moyenne   *average*
être porté(e) à   *to be inclined to*
RMC   *Radio Monte Carlo*
la presse hebdomadaire   *weekly publications, magazines*
un vecteur   *vehicle (for culture, information)*
inouï(e)   *unprecedented, unheard-of*
bien ficelé(e)   *well put together*

EXPOSE

Faites un exposé oral sur les développements récents et les perspectives d'avenir de *L'Express*, selon Françoise Sampermans.

10D *Thème*

SALES AND MARKETING TECHNIQUES

After an absence of two years from French television, the well-known oil company Shell has decided to broadcast a new thirty-second commercial. It has set itself the objective of redefining a modern communications policy, in particular by basing its external communications on the realities of car ownership. This is what the television commercial does by emphasizing the importance of maintenance for the long life of the engine. Working along the broad outlines of this plan, the advertising agency Publicis has created a film resembling a commercial for toothpaste, the aim of which is to demonstrate that a car engine needs the same care as teeth. The showing of the film has been timed to coincide with the summer holidays when there will be more drivers on the roads.

Judging by public acclaim, Shell's achievement is very convincing when compared to other advertising campaigns for petrol. In fact, sales and marketing techniques figure prominently in today's professional training, and firms can also call upon many advertising agencies. However, there is as yet no qualification for becoming a merchandiser even if, given the growth of super- and hypermarkets in France, merchandising techniques have had to be brought rapidly up to date. Most managers in the merchandising field have spent several years with a leading company, such as L'Oréal, which has enabled them to benefit from the methods developed by that company.

LEXIQUE

se donner pour objectif de
fonder
un spot télévisé
suivre les grandes lignes de
similaire à
les mêmes soins que
la sortie
les grandes vacances
à en juger par
les éloges du public
en comparaison avec
jouer un rôle important
la formation professionnelle
faire appel à
se moderniser
prestigieux (-euse)

10E   *Présentations et débats*

PUBLICITAIRES ET MERCHANDISERS

1 Le directeur commercial d'un hebdomadaire national parle des mesures qui ont été adoptées pour assurer la survie du magazine.

Imaginez cette présentation faite à l'invitation des élèves d'une école de commerce.

2 Le responsable merchandising d'une grande société française est interviewé pour le bulletin d'entreprise sur sa formation, sa carrière et ses fonctions actuelles.

Réalisez cette interview dans le bureau du rédacteur du bulletin.

3 Le directeur général d'une PME convoque une réunion afin de présenter les grandes lignes d'une campagne publicitaire pour un produit de consommation courante.

Organisez cette réunion en convoquant le directeur des services marketing, publicité et technique ainsi que le concepteur d'une agence de publicité.

Thèmes à discuter

1 La communication externe
2 Les responsables merchandising
3 Réaliser une étude de marché
4 Un spot de 30 secondes
5 Se différencier de la concurrence
6 Le développement des grandes surfaces
7 Les téchniques de commercialisation
8 Optimiser les ventes
9 Les grandes écoles de commerce
10 Le marché de la publicité
11 La presse, la radio et la télévision
12 Les recettes publicitaires

LE TOURISME ET L'HOTELLERIE

11A Tourisme technique

SUIVEZ LE GUIDE EDF

Quelque 600 000 touristes par an pour les sites hydrauliques de France, 400 000 pour les sites nucléaires. Le tourisme industriel et technique connaît depuis quelques années un développement spectaculaire, passant en dix ans de 5 à 10 millions d'adeptes. A telle enseigne que certaines entreprises artisanales ou commerciales commencent à concurrencer les monuments et les musées de leur région. C'est le cas à Reims, où les caves de Champagne ont accueilli l'an dernier 500 000 touristes, alors que le musée Saint-Rémi n'en recevait que 40 000.

Consciente du phénomène, EdF s'est associée aux Presses de la Cité-Solar pour lancer la collection «EdF: La France contemporaine». Douze guides feront, au cours des quatre prochaines années, l'inventaire des sites visitables. Le premier vient de sortir, il porte sur la région Rhône-Alpes. La clientèle visée y trouvera facilement ce qu'elle recherche. Trois séries de pictogrammes de couleurs différentes permettent de repérer pour chaque site le type d'activité proposé, les publics concernés et les conditions de la visite. Les entreprises, classées par départements, font chacune l'objet d'une fiche descriptive. Elles sont également répertoriées sur des cartes départementales et classées par zones concentriques autour des villes principales.

La collection semble déjà constituer, pour les entreprises et les institutions qu'elle cite, un instrument de communication efficace. Il ne s'agit pas pour autant d'un annuaire promotionnel. Y figurer est gratuit. Le comité de rédaction interroge toutes les entreprises présentes sur un listing fourni par la Chambre de commerce et d'industrie de la région concernée. Peu répondent. Celles qui se déclarent intéressées remplissent un questionnaire qui permet alors de publier une fiche technique détaillée les concernant. Le prochain guide sortira en octobre. Il sera consacré à la région Bretagne-Pays de la Loire. L'année prochaine, ce sera le tour de Nord-Pas-de-Calais-Picardie, Languedoc-Roussillon et Poitou-Charentes-Aquitaine.

Monique Gilbert, *Le Nouvel Economiste*,
19 juin 1992

D.R

Le barrage d'Emosson, face au Mont-Blanc, en Haute Savoie

LEXIQUE

le tourisme technique   un tourisme qui, à l'opposé du tourisme traditionnel, se caractérise par la visite d'entreprises artisanales et commerciales

EdF   Electricité de France, entreprise publique de production d'électricité en France

un site hydraulique   un lieu de production d'énergie à partir de l'eau (chutes d'eau, rivières, etc.)

les adeptes   les visiteurs qui sont partisans du tourisme industriel et technique

une entreprise artisanale   une entreprise qui fabrique des produits de façon traditionnelle, en exerçant une activité manuelle

faire l'inventaire de   passer en revue détaillée, faire une liste des sites visitables

la clientèle visée   tous les clients que la collection EdF cherche à cibler, à atteindre

un pictogramme   un symbole donnant une caractéristique pour chaque site visitable, généralement illustré par un petit dessin

les publics concernés   les visiteurs potentiels des sites

classées par zones concentriques   les entreprises sont regroupées en fonction du centre-ville le plus proche

un instrument de communication   les guides EdF permettent de faciliter les liens entre les entreprises et les institutions citées dans la collection

un annuaire promotionnel   un recueil qui favorise l'expansion des ventes

y figurer est gratuit   le fait d'être cité dans la collection ne nécessite pas de frais

le comité de rédaction   le groupe chargé de contacter les entreprises afin d'obtenir le maximum d'informations les concernant

remplir un questionnaire   répondre aux questions en fournissant des informations précises

une fiche technique   une feuille où apparaissent toutes les particularités des entreprises, où sont notés tous les renseignements techniques

VRAI OU FAUX?

Justifiez votre réponse.

1   Le tourisme industriel et technique a connu ces dernières années une période de récession.

2   Les caves de Champagne de Reims ont concurrencé le Musée Saint-Rémi.

3   EdF s'est investie dans le tourisme français, en créant sa propre collection de guides.

4   Les guides ne donnent que peu d'informations sur chaque site.

5   La collection EdF a un but non-lucratif.

6   Toutes les entreprises contactées par le comité de rédaction ne sont que trop heureuses de fournir les informations sollicitées.

VOUS AVEZ LA PAROLE

Précisez vos connaissances sur:

- le tourisme technique
- les caves de Champagne
- les sites visitables
- les conditions de visite
- le comité de rédaction
- remplir un questionnaire.

11B *Résultats touristiques*

LA FRANCE CHAMPIONNE DU MONDE DE TOURISME

La lecture des résultats touristiques de l'an dernier a permis à Jean-Michel Baylet, ministre délégué au Tourisme, de se délecter: «Le tourisme français a battu tous ses records des années précédentes», clamait-il hier. Balayée la guerre du Golfe, estompée la crise économique, oublié le pessimisme du début de l'année dernière: «Pour la première fois, l'activité touristique se place au premier plan de l'économie française.» Et le ministre d'égrener quelques chiffres qui devraient ravir les professionnels. Entre les recettes des visiteurs étrangers (en fort accroissement) et les dépenses des touristes français partis hors du pays (en très légère baisse), le solde de l'an dernier a enflé la balance des paiements de 50,6 milliards de francs. Il dépassait à peine les 42 milliards l'année précédente. C'est certainement mieux que l'industrie agro-alimentaire, traditionnellement en tête des activités tricolores à l'exportation.

La satisfaction de Jean-Michel Baylet n'est pas sans arrière-pensées. On a trop longtemps considéré, ici, le tourisme comme une activité uniquement ludique tout juste bonne à aider au développement des pays pauvres. Il convient donc de revoir ses classiques. L'an dernier, la France est devenue la première destination touristique dans le monde, devant les Etats-Unis, avec 52 millions de séjours (contre presque 50 millions l'année précédente). Et ce sont les touristes européens qui ont permis ce score (+13% de touristes allemands, +12% de Britanniques et surtout +20% d'Italiens), malgré la baisse du nombre des Américains et des Japonais (respectivement −19% et −12%).

Il y a manifestement une baisse du tourisme d'affaires que le gouvernement ne doit pas dédaigner, affirme le ministre. Au point de demander au Premier ministre «de bien vouloir convoquer un Comité interministériel du tourisme, afin que nos partenaires du gouvernement conjuguent leurs efforts pour préciser une grande politique du tourisme».

A entendre Jean-Michel Baylet, le tourisme doit être considéré comme une grande cause nationale. Ses arguments ne manquent pas de poids. Les statistiques les plus fiables montrent que l'activité touristique est une des rares, ces temps-ci, à créer des emplois «nets». Que le succès du produit «France» n'est pas seulement dû au hasard d'une conjoncture géopolitique favorable: «Les efforts pour revitaliser, moderniser, valoriser l'offre touristique française dans toutes ses composantes portent leurs fruits.»

Le bilan est moins positif en ce qui concerne le tourisme intérieur: 40% des Français restent dans leur domicile l'été contre 70% l'hiver. Au mois de juillet dernier, le ministre du Tourisme promettait la création d'un deuxième titre de transport «congés payés». Apparemment, le projet bloque à la SNCF et au ministère de l'Equipement où l'on y voit un manque à gagner de l'ordre de 200 millions de francs. Tout pourrait s'arranger d'ici l'été prochain, dit-on.

Il en va de même pour les chèques-vacances. Ces bons, que les salariés achètent à des prix réduits (l'employeur ou le comité d'entreprise les subventionnent), rencontrent de plus en plus de succès. Près de 3 millions de Français en auraient bénéficié l'an dernier, mais aucun salarié dans les petites et moyennes entreprises, qui ne cotisent pas. Cela fait quelque 7 millions d'exclus. Des solutions sont à l'étude. Mais elles demandent un effort fiscal que le ministère de l'Economie rechigne à assurer.

Autre sujet sur la sellette: l'étalement des vacances. Un groupe de travail planche sur la question, au sein du Conseil supérieur de l'éducation. Il devrait faire des propositions dans les six mois pour revoir, une nouvelle fois, le calendrier des années à venir. En attendant, les touristes français pourront toujours se satisfaire des nouvelles garanties des forfaits proposés par les agences de voyages. Si le projet de loi est bien inscrit au programme de la prochaine session parlementaire.

Jean-Pierre Bourcier, *Libération*, 16 janvier 1992

LEXIQUE

se placer au premier plan l'activité touristique est en tête de l'économie française

le solde de l'an dernier le résultat de la différence entre les recettes des visiteurs étrangers et les dépenses des touristes français partis hors du pays

les activités tricolores à l'exportation les ventes de produits français à l'étranger

ne pas être sans arrière-pensées avoir une idée bien précise en tête

une activité ludique une activité relative à un jeu, qui distrait

revoir ses classiques se remettre à jour, reconsidérer la question

le tourisme d'affaires les professionnels qui se déplacent pour les besoins de leur travail

un Comité interministériel une organisation qui réunit plusieurs ministres afin qu'ils se concertent sur une politique du tourisme

ne pas manquer de poids les arguments de Jean-Michel Baylet sont convaincants, ont un impact fort

le succès du produit «France» la France est une destination appréciée et souvent choisie par les touristes étrangers

au hasard d'une conjoncture géopolitique favorable dans une situation géographique et politique qui est profitable au tourisme français, mais à court terme

dans toutes ses composantes au niveau de tous les aspects de l'offre touristique française, dans son ensemble

un bilan moins positif le résultat en ce qui concerne le tourisme intérieur est moins encourageant, même décevant

un manque à gagner qui entraîne une perte d'argent, qui n'engendre aucun profit

les chèques-vacances des bons que les salariés peuvent acheter tout au long de l'année afin d'économiser sur leurs vacances

un effort fiscal un allègement des impôts, de la pression fiscale

l'étalement des vacances la répartition des vacances pendant l'année selon les régions

QUESTIONS

1 Selon le ministre délégué au Tourisme, les résultats touristiques de l'an dernier sont-ils satisfaisants?

2 De combien le solde touristique a-t-il augmenté la balance des paiements?

3 A quel rang dans l'exportation française se classe le tourisme?

4 Pourquoi faudra-t-il réviser les opinions sur le tourisme?

5 Quels sont les touristes qui ont fait monter la France au premier rang des destinations dans le monde?

6 Pourquoi demande-t-on au Premier ministre d'établir le Comité interministériel du tourisme?

7 Pourquoi Jean-Michel Baylet plaide-t-il en faveur du tourisme à l'échelle nationale?

8 Les efforts réalisés pour favoriser le tourisme français ont-ils été encourageants?

9 Pourquoi la création d'un deuxième titre de transport pose-t-il un problème?

10 Les chèques-vacances sont-ils à la disposition de tous les salariés?

11 Quelles décisions a-t-on prises en ce qui concerne l'étalement des vacances?

12 De quoi les touristes français pourront-ils tirer profit à l'avenir?

RESUME

Faites le résumé de cet article en 200 mots.

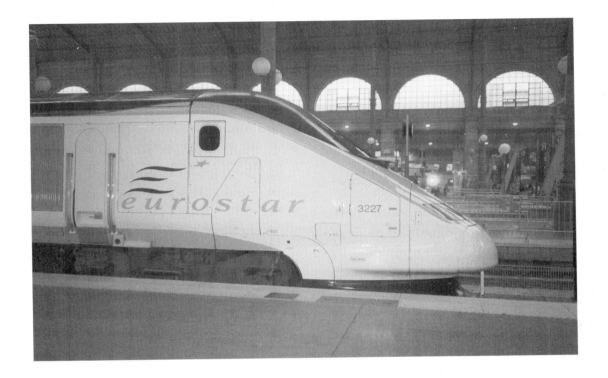

11c *Affaires et musique*

LA CHAINE HOTELIERE ADAGIO

Une interview d'Yves Marchal, dirigeant des hôtels Adagio, filiale du groupe des Nouveaux Constructeurs.

QUESTIONS

1 *What reasons does Yves Marchal give for the Nouveaux Constructeurs Group setting up its own hotel chain?*

2 *How do Adagio hotels cater for their business clientele?*

3 *How does the Adagio chain avoid standardisation?*

4 *What implications does the name Adagio have for the hotel chain?*

5 *How selective has Adagio been in the choice of sites for its hotels?*

6 *Will all Adagio's future projects conform to this policy?*

7 *Is Adagio looking to extend its hotel chain outside Paris?*

8 *Does Adagio restrict its interests to the traditional hotel business?*

9 *What is the extent of Adagio's interest in renting out offices?*

10 *Does Adagio prefer to own all the hotels in its chain?*

LEXIQUE

un aboutissement *culmination, outcome*
une réalisation *achievement, construction project*
l'immobilier (m.) *property, estate*
soutenir *to support*
à ce titre *in this capacity, as such*
se positionner *to fill a slot (in the market)*
axer sur *to base, centre on*
un créneau *market*
affecter *to allocate, assign*
opter pour *to opt for, choose*
une cible *target*
foncier (–ière) *land (adj.)*
un terrain *(plot of) land*
amorcer *to begin, initiate*
concrétiser *to make (sth) a reality*
être fonction de *to depend on, vary according to*
une mission d'audit *audit assignment*
intégré(e) *complete, self-contained*
une location *renting (out)*
la maîtrise *control*
dès lors que *from the moment that*
un bail commercial *commercial lease*
des investisseurs institutionnels *institutional investors*
à terme *eventually, in the long run*

EXPOSE

Faites un exposé sur la création et l'expansion de la chaîne hôtelière Adagio telles qu'elles sont présentées par Yves Marchal.

11D *Thème*

BOOSTING THE FRENCH TOURIST INDUSTRY

The tourist industry is generally seen as a national cause in France, as it is one of the few economic activities creating jobs. Whilst tourism headed the French economy last year, the Minister of State for Tourism nevertheless maintains that a new policy for this sector needs to be drawn up. Revenue from foreign visitors has gone up considerably, but the position for tourism at home is far from being as healthy. Even if France were the leading tourist destination for its European neighbours, many French people still prefer to stay at home for their holidays, and there has been a marked fall in business tourism.

Following the earlier, very successful holiday vouchers experiment, the Minister is now planning to introduce new travel tickets called 'paid leave'. The dates of the school year also need to be reviewed in order to allow staggered holidays. Other private initiatives have been added to the Minister's. The Adagio hotel chain is building three-star hotels intended for business customers, offering a wide range of services well beyond the straightforward business trip, as well as an original, cultural atmosphere. For its part, the French Electricity Board is promoting industrial and technical tourism by publishing a set of guides which encourage tourists to visit companies and factories. These tours are proving to be genuine rivals for the sights and museums which are the traditional spots for tourists.

LEXIQUE

stimuler
on considère comme
être en tête de
il est nécessaire de
définir une politique
on a assisté à
à la suite de
connaître un grand succès
projeter de
venir s'ajouter à
la clientèle d'affaires
un déplacement professionnel
ainsi que
pour sa part
lancer
s'avérer être
un véritable concurrent
les lieux du tourisme

11E   *Présentations et débats*

GERER LE TOURISME

1 Un jeune cadre parle de la situation du déplacement d'affaires, et dresse une liste de besoins en matière de salles (réunions, conférences), équipement, logement, restauration et détente.

Imaginez cette présentation faite devant des étudiants en tourisme et hôtellerie.

2 Le directeur général d'une grande société fabriquant des boissons non alcoolisées est interviewé par une chaîne de télévision, sur un projet de tourisme industriel et technique développé avec EdF.

Réalisez cette interview dans le bureau du directeur général.

3 Le préfet d'une région industrielle convoque une table ronde afin d'examiner les meilleurs moyens de stimuler le tourisme à tous les niveaux.

Organisez cette réunion à la préfecture en invitant des représentants de la CCI, du ministère de Tourisme, d'EdF et des chaînes hôtelières.

Thèmes à discuter

1 Une grande politique de tourisme
2 Le tourisme d'affaires
3 Des produits plus sophistiqués
4 Une connotation culturelle
5 Les sites visitables
6 Une fiche descriptive
7 Le public concerné
8 Les conditions de visite
9 Une grande cause nationale
10 L'étalement des vacances
11 Les recettes du tourisme étranger
12 La concurrence des monuments et des musées

d o s s i e r

L'EQUIPEMENT ET L'ENVIRONNEMENT

12A   Grands travaux

LES CHANTIERS DE LA RELANCE

Quarante-six milliards de francs pour le rail, 20 milliards pour la route et les autres ouvrages publics. Si cela ne s'appelle pas officiellement un plan de relance par les grands travaux, ça y ressemble fort. Grand inspirateur de ces engagements annoncés ou confirmés fin septembre: Bernard Bosson, ministre de l'Equipement, qui s'enorgueillit de gérer désormais le troisième budget de l'Etat, derrière l'Education nationale et la Défense.

Jovial et fonceur, le maire centriste d'Annecy semble prendre un malin plaisir à bousculer technocrates et lobbies de tout poil. Pour lui, une seule chose compte: 1 milliard de francs investis dans l'équipement, ce sont 3 000 emplois maintenus ou créés. Faites le calcul: d'ici à la fin du siècle, tous les grands programmes avalisés fin septembre par Matignon devraient se solder par 180 000 emplois directs ou indirects. Un enjeu suffisamment important pour passer outre les obstacles administratifs ou politiques qui bloquaient jusqu'ici des projets d'envergure. Ainsi, le TGV Méditerranée sera construit malgré les protestations des écolos et des associations locales; 25 milliards de francs d'investissements pour mettre Montpellier ou Marseille à trois heures de Paris dès 1999. «Nous discutions du tracé depuis quatre ans, confie un proche du ministre; les atermoiements auraient pu durer encore longtemps. Il fallait y aller, d'autant que le succès du TGV en Corée créait un climat favorable.»

De son côté, le TGV Est sera lancé alors que le plan de financement, 20 milliards de francs, n'est pas bouclé. La SNCF, dont l'endettement va passer de 110 milliards de francs aujourd'hui à 170 milliards fin 1994, ne peut assumer seule la charge d'une liaison qu'elle juge non rentable. D'où l'idée, approuvée par le ministre, de constituer une société d'économie mixte ad hoc constituée, outre la SNCF, des collectivités locales intéressées. C'est l'amorce d'une réforme en profondeur de mode de financement du TGV, qui sera l'un des points forts du prochain contrat du plan Etat-SNCF pour la période 1994-1998.

Même volontarisme pour les travaux publics. Sur les 20 milliards de francs consacrés à ce poste, 7 milliards proviennent de dossiers chauds, comme le tunnel de Somport ou le passage de l'autoroute A14 sous la terrasse du château de Saint-Germain, jusqu'ici arrêtés par risque d'atteinte à l'environnement. La preuve que la priorité donnée à l'emploi supplante désormais toutes les autres. Si les écologistes, accaparés par leurs querelles intestines font grise mine, les entreprises de travaux publics auraient mauvaise grâce de s'en plaindre. Bernard Bosson ne s'est pas privé de le leur rappeler.

Daniel Fortin, *L'Expansion*,
21 octobre/9 novembre 1993

LEXIQUE

les ouvrages publics   les travaux engagés par l'Etat

les grands travaux   les travaux de grande importance pour l'Etat (autoroutes, ponts, etc.)

un plan de relance   un plan économique destiné à stimuler l'activité d'un ou de plusieurs secteurs

le maire centriste   un maire qui n'est ni de gauche, ni de droite, mais qui fait partie du parti du centre de la politique

les grands programmes avalisés par Matignon   les projets importants dont les fonds sont garantis par le gouvernement

Matignon   la résidence officielle du premier ministre français

passer outre les obstacles   ignorer, surmonter les difficultés

les projets d'envergure   les projets de grande importance

les associations locales   les associations d'habitants d'une certaine zone

boucler un plan   trouver les moyens de financement d'un plan

assumer la charge de   accepter la responsabilité financière de ce projet

une liaison non rentable   cette liaison ferroviaire n'apportera pas de bénéfices

une société d'économie mixte   une société gérée par des fonds publics et des fonds privés

le volontarisme   l'attitude de vouloir modifier les choses par la seule volonté

les dossiers chauds   les dossiers délicats ou difficiles

le risque d'atteinte à l'environnement   le risque de pollution ou de destruction de l'environnement

les écologistes font grise mine   ils sont mécontents

VRAI OU FAUX?

Justifiez votre réponse

1 La France a retenu la proposition d'un plan de relance de l'économie par les grands travaux.

2 Les sommes investies par l'Etat se traduiront par des créations d'emplois.

3 Le projet de TGV Méditerranée a été abandonné suite aux protestations des écologistes et des associations locales.

4 Les instigateurs du projet TGV Est ont trouvé les moyens de financement nécessaires à la réalisation de celui-ci.

5 Les futurs projets de TGV nécessiteront de nouveaux moyens de financement, ignorés jusqu'alors.

6 Les préoccupations écologiques sont devenues prioritaires contrairement à celles pour l'emploi.

VOUS AVEZ LA PAROLE

Précisez vos connaissances sur:

- un plan de relance
- un enjeu important
- les protestations des écologistes
- les associations locales
- une société d'économie mixte
- les travaux publics.

La Défense, projet d'envergure inauguré par le Président de la République

12B *Emballages industriels*

L'ETAT OBLIGE A LA RECUPERATION

Le décret qui réglemente l'élimination «des déchets d'emballages dont les détenteurs ne sont pas les ménages» est actuellement à la signature interministérielle et devrait être publié au «Journal officiel» dans les semaines qui viennent. Compte tenu de la complexité du domaine et de la diversité des acteurs, ce texte, présenté et approuvé par le Conseil d'Etat le 22 février dernier, a mis près de deux ans à voir le jour et nécessite deux ministres pour son application.

Complétant la loi de 1975 sur les déchets, il s'adresse concrètement à la quasi-totalité des industriels et commerçants français ainsi qu'aux détenteurs de déchets d'emballages (cartons, bouteilles, films plastiques et palettes en bois)

dont la production hebdomadaire de déchets est supérieure à 1 100 litres, volume à partir duquel il n'est plus possible de les faire collecter et traiter par les communes. Le décret indique que pour ces emballages usagés, la valorisation est obligatoire, «soit par réemploi, recyclage ou toute autre action visant à obtenir des matériaux réutilisables ou de l'énergie». Sera punie d'amende toute tentative de mélange avec d'autres déchets afin d'échapper à cette règle.

Pour respecter cette obligation, l'industriel ou le commerçant aura trois solutions: procéder lui-même à la valorisation de ses déchets dans une installation agréée par l'Etat, céder par contrat ses déchets à l'exploitant d'une installation agréée, ou à un intermédiaire «assurant une activité de transport, négoce ou courtage de déchets». Ces entreprises devront, pour exercer leur métier, déposer une déclaration auprès du préfet indiquant la nature des déchets pris en charge.

Cela concerne, a priori, les récupérateurs traditionnels qui ne tiennent pas du tout à se laisser enfermer dans cette catégorie. Car l'essentiel de la valeur ajoutée et donc de la rémunération du métier se situe dans la valorisation. Ils ne veulent donc pas se trouver ravalés au simple rang d'intermédiaires. Cette profession, qui fait travailler 26 000 personnes en France pour 32 milliards de chiffre d'affaires, estime déjà valoriser les déchets en les purifiant afin de les transformer en nou-

velles matières premières pour les consommateurs. C'est le cas de l'entreprise qui va collecter des palettes de bois, les broie et livre des copeaux «prêts à l'emploi» pour le fabricant de panneau ou celle qui alimente la papeterie en vieux papiers triés et affinés.

Au-delà de cette querelle sémantique entre récupération et valorisation, ce secteur constitué d'une myriade de PME craint de se faire confisquer l'activité la plus intéressante par les géants du déchet que sont la Générale des Eaux, Lyonnaise des Eaux-Dumez ou même l'américain Waste Management. Déjà, la Générale des Eaux a opéré un mouvement important en reprenant Soulier, premier récupérateur français de vieux papiers.

Le décret devrait pourtant sauver d'une mort certaine nombre d'entreprises incapables de concurrencer l'invasion des vieux papiers allemands qui, subventionnés outre-Rhin, arrivent en France où ils sont cédés gratuitement aux papetiers, tandis que les récupérateurs français doivent financer leur collecte en faisant payer les mêmes papetiers. En obligeant les industriels à faire éliminer leurs cartons, le décret permet au récupérateur de se faire payer pour ce qui devient désormais un service alors qu'auparavant supermarchés ou entreprises vendaient leurs vieux cartons.

La charge financière est donc transférée de l'aval vers l'amont. Comme avec les déchets ménagers et la création d'Eco-Emballage, le producteur de déchets assumera le coût de son élimination. C'est du moins l'ambition manifestée par ce décret qui prendra effet dans deux mois (après parution au «JO») pour les papiers-cartons, compte tenu de l'urgence de la situation, et dans un an pour les autres.

Philippe Escande, *Les Echos*, 18/19 mars 1994

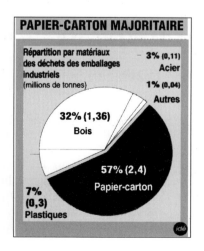

PAPIER-CARTON MAJORITAIRE

Répartition par matériaux des déchets des emballages industriels (millions de tonnes)

3% (0,11) Acier
1% (0,04) Autres
32% (1,36) Bois
57% (2,4) Papier-carton
7% (0,3) Plastiques

LEXIQUE

les emballages industriels   les cartons et les caisses utilisés pour transporter des matières premières ou d'autres produits utilisés par une entreprise

un décret   une décision votée par l'Assemblée nationale, ou Parlement français

le Journal officiel   la publication où paraissent les décrets et les lois votés par le Parlement français

le Conseil d'Etat   la juridiction administrative suprême chargée de donner des avis sur les décrets et les projets de loi

faire collecter et traiter   ramasser les déchets par camion et les acheminer à une usine où ils sont transformés

punir d'amende   sanctionner au moyen de paiement une personne qui a commis une infraction

une installation agréée par l'Etat   une usine qui est reconnue par l'Etat, et qui répond à des normes bien définies

valoriser les déchets   donner de la valeur aux déchets

transformer en nouvelle matière première   convertir les déchets en une nouvelle matière qui sera utilisable

une querelle sémantique   des désaccords sur le sens exact des mots

une myriade de PME   une multitude de petites et moyennes entreprises

sauver d'une mort certaine   assurer la survie des entreprises qui se trouvent actuellement dans une très mauvaise situation

outre-Rhin   au-delà du Rhin, c'est-à-dire en Allemagne

une charge financière   l'obligation de payer

transférer de l'aval vers l'amont   changer l'ordre des choses, faire payer la collecte des déchets par le producteur plutôt que par le récupérateur

Eco-Emballage   la société conçue par les entreprises du secteur pour rendre opérationnel le décret leur confiant l'élimination et la valorisation des emballages ménagers

QUESTIONS

1 A quel stade d'élaboration se trouve le décret qui réglemente l'élimination des déchets industriels?

2 Pourquoi le décret a-t-il été si difficile à mettre en application?

3 A quels acteurs de la vie économique s'adresse ce décret?

4 Qu'indique le décret en matière de valorisation des emballages, et quelles sont les sanctions encourues en cas de non respect?

5 Quelles seront les solutions possibles de valorisation pour les personnes auxquelles le décret est applicable?

6 Pourquoi les récupérateurs traditionnels sont-ils inquiets?

7 Quelle est l'importance économique du secteur de la valorisation des déchets en France?

8 Quel rôle les récupérateurs jouent-ils pour l'instant en France, selon leur opinion?

9 Que craignent les PME de récupération suite à l'adoption du décret?

10 Quel avantage compensatoire le décret comporte-t-il pour les PME?

11 Quelle sera la nouvelle tendance en ce qui concerne la facturation des services de récupération?

12 Quand le décret entrera-t-il en vigueur?

RESUME

Faites le résumé de cet article en 200 mots.

12C *Priorités écologiques*

«HALTE AU CATASTROPHISME!»

Une interview de Jean-René Fourtou, président de Rhône-Poulenc.

QUESTIONS

1 Is it true to say that the chemical industry is still one of the worst polluters of the environment?

2 To what extent did the ecology movement force the chemical industry to take action?

3 What line does Jean-René Fourtou believe environmental policy should now follow?

4 Is the main role of the Entreprises pour l'Environnement Association to act as a pressure group?

5 How did France set about cleaning up its beaches?

6 What lessons does Jean-René Fourtou draw from this cleaning-up operation?

7 Why does Jean-René Fourtou argue against discussing the chemical industry in isolation?

8 What were the effects of banning the use of DDT?

9 What proposals does Jean-René Fourtou put forward as a basis for deciding which ecological measures should be taken?

10 How does Jean-René Fourtou assess the progress made in the chemical industry towards eliminating pollution completely?

LEXIQUE

un pollueur *polluter, factory responsible for pollution*
les rejets (m.pl.) *waste, discharge*
prendre conscience que *to become aware that*
un enjeu *what is at stake*
la démagogie *popularity seeking*
forcer le trait *to exaggerate*
l'efficacité (f.) *efficiency, effectiveness*
pervers(e) *pernicious (effects)*
une norme *norm, standard*
avoir vocation à *to be intended to*
viser à *to aim to (do sth)*
le civisme *civic responsibility*
un indice *index, rating*
attribuer un classement *to allocate a classification, rating*
s'aviser de *to dare to, take it into one's head to*
tirer les enseignements de *to draw a lesson from*
avoir à cœur de *to be intent (on doing sth)*
la couche d'ozone *the ozone layer*
une interdiction *ban on, banning*
hiérarchiser *to prioritize*
il appartient à qn de *it is up to s.o. (to do sth)*
une collectivité locale *local authority*
en fonction de *according to*
de grâce *please, for pity's sake*

EXPOSE

Faites un exposé oral sur les propositions de Jean-René Fourtou pour élaborer une écologie efficace.

12D *Thème*

ENVIRONMENTAL PROTECTION

Whilst the efforts made by ecologists to protect the environment are widely acknowledged in France today, opinions are often divided as to the solutions to environmental problems which they put forward. Where major construction works are concerned, for example, the minister responsible has decided to give priority to employment rather than pay attention to the ecologists' demands. Financial support will therefore be granted to the high-speed train, which is enjoying substantial development not only in France but also abroad, because French Railways cannot single-handedly meet so great an investment. On the other hand, the new decree on eliminating waste from commercial and industrial packaging is just about to be signed.

The main aim of this decree, which bans dumping on public tips, is to enhance the value of the waste, either by reusing it or by recycling it. Used packaging will be transported to a Government-approved processing plant, and the costs charged to those who produce the waste rather than to the salvage firms, as was previously the case. As for the chemical industry, the Chairman of Rhône-Poulenc pleaded during a recent interview in favour of round-table discussions between manufacturers, ecologists, local authorities and the general public in order to devise an effective environmental policy.

LEXIQUE

protéger l'environnement
reconnaître largement
des opinions partagées
le ministre chargé du dossier
donner la priorité à
prêter attention à
une revendication
accorder un soutien
assumer des investissements
être sur le point de
la mise en décharge
valoriser
soit . . . soit . . .
acheminer vers
un centre de traitement
agréé(e) par l'Etat
facturer les coûts
plaider en faveur de
élaborer une politique

12E   *Présentations et débats*

LES VRAIS ENJEUX DE L'ENVIRONNEMENT

1   Un récupérateur parle de la mise en application du nouveau décret sur l'élimination des déchets commerciaux et industriels.

Imaginez cette présentation faite devant le Comité directeur de l'entreprise.

2   Le maire d'une grande ville est interviewé par une chaîne de télévision locale à propos des travaux publics au centre-ville.

Réalisez cette interview dans un studio de télévision.

3   Le mouvement écologiste organise une table ronde sur la construction d'une usine chimique dans la région.

Convoquez cette réunion en invitant les représentants des secteurs concernés: industrie, commerce, collectivités locales et grand public.

Thèmes à discuter

1   **Définir les priorités**
2   **Collecter et traiter les déchets**
3   **La réutilisation et le recyclage**
4   **Un plan de relance**
5   **Les progrès déjà accomplis**
6   **Le catastrophisme**
7   **Une atteinte à l'environnement**
8   **Des usines complètement propres**
9   **Les protestations des écologistes**
10   **Faire du lobbying**
11   **Les plages françaises**
12   **La réduction de la couche d'ozone**

L'EMPLOI ET LE TRAVAIL

1C Le commerce ne mérite pas un chèque en blanc

Une interview de Nicole Notat, secrétaire générale adjointe de la CFDT (Confédération Française Démocratique du Travail).

L'association Le Dimanche estime que l'ouverture des magasins le dimanche peut représenter une véritable ouverture sociale. Que pensez-vous de sa charte bâtie sur le volontariat, la rémunération complémentaire, le repos compensateur et un effort supplémentaire pour la formation des salariés du commerce?

Cette charte est provocatrice, déplacée et guère innovante. Les entreprises du commerce manquent de crédibilité au regard de tels engagements. On travaille le dimanche aujourd'hui dans un certain nombre de commerces alimentaires jusqu'à 13 heures. Aucune contrepartie n'existe pour les salariés. C'est majoritairement le règne des bas salaires, des faibles possibilités d'évolution professionnelle et de professionnalisation des métiers, alors qu'il y a matière à une évolution du travail plus performante. Dans trop de secteurs du commerce, c'est le règne des contrats de travail à temps partiel imposé. Nous craignons donc d'aller vers leur extension. C'est, à tout coup, un pas vers la précarité.

Les contreparties sociales proposées par la charte ne sont pas irréalistes . . .

Ce sont celles qui sont déjà prévues par le Code du travail. C'est la moindre des choses. Il faut clairement reconnaître que travailler le dimanche est une contrainte supplémentaire; que les salariés doivent donc être payés davantage, bénéficier de repos compensateur en conséquence, et être de vrais volontaires. Les plannings de chaque dimanche doivent être prévus suffisamment de temps à l'avance et faire l'objet d'une organisation concertée. L'ensemble appelle négociation.

Le commerce ne mérite-t-il pas le dimanche?

Ce secteur n'a pas suffisamment fait la preuve de son engagement sur le plan social pour qu'on lui donne un chèque en blanc. Le commerce est, par rapport à d'autres secteurs, en retard dans la pratique de la négociation. Nous ne sommes pas encore parvenus à y normaliser les relations sociales. Et nous ne sommes donc pas en mesure d'éviter que les salariés ne soient les dindons de la farce au regard du dimanche. L'urgence est donc qu'un encadrement législatif soit fixé.

Comment prenez-vous en compte l'évolution de la demande des consommateurs?

La loi est obsolète, nous ne sommes pas opposées à ce qu'elle évolue. Il faut que les règles du jeu soient applicables face à la modification des mentalités et des évolutions sociales. Nous sommes favorables à l'ouverture d'un nombre limité de dimanches par an, comme le projet de loi l'envisage, ainsi qu'à l'ouverture dans les zones touristiques ou à proximité des marchés.

Il ne s'agit pas d'une grande avancée pour les zones touristiques où tous les commerces sont ouverts comme ils le souhaitent . . .

C'est une avancée si elle met fin aux ouvertures sauvages et que des contreparties sont prévues pour les salariés.

N'êtes-vous pas sensible aux emplois que l'ouverture dominicale devrait être en mesure de créer?

L'emploi dépend de l'activité économique et de la masse du pouvoir d'achat disponible. Ce qui va là n'ira pas ailleurs. On risque d'assister davantage à un déplacement qu'à de la création d'emplois.

Un sentiment d'urgence anime certains commerçants convaincus que, dans une conjoncture incertaine, leur premier devoir vis-à-vis de leurs salariés est de répondre à la demande des consommateurs.

Les besoins des consommateurs doivent effectivement être pris en compte. Leur permettre d'aller dans les magasins à un moment où ils sont davantage disponibles est une vraie préoccupation. De là à passer directement à l'ouverture le dimanche, il y a un pas. Il existe de nombreuses autres formules permettant d'élargir les plages d'ouverture dans la journée, comme les nocturnes, par exemple. C'est comme si, dans l'industrie, on choisissait systématiquement le travail de nuit pour réaliser une meilleure utilisation des équipements. Il y a des modulations à expérimenter avant de passer au dimanche.

Propos recueillis par Laurence Chavane,
Le Figaro économie, 23 janvier 1992

LA VIE DES ENTREPRISES

2C Les spiritueux dans le marché unique

Une interview de Patrick Ricard, le Président-directeur général du groupe Pernod-Ricard.

Avec les accords de Maastricht, la construction européenne passe à la vitesse supérieure. Jugez-vous cette nouvelle étape indispensable?

Il est un fait que nous sommes un certain nombre de patrons à nous interroger sur ces accords de Maastricht. L'Europe, jusqu'à présent, a fait faire des progrès considérables à nos gouvernants. Compte tenu de la concurrence des autres pays, il a fallu mettre la France dans la situation la plus compétitive. Mais il ne faudrait pas que Bruxelles prenne trop de poids, car les fonctionnaires de la Commission ne peuvent être sanctionnés. Il n'y a pas de contrepoids politique aux eurocrates. Quant à l'unité économique et monétaire, je pense qu'elle est indispensable. Si l'on veut l'Europe, il faut des symboles, l'écu en est un. En outre, cette nouvelle phase constitue un pare-feu contre la colonisation par le mark.

La perspective du Marché unique a-t-elle modifié votre stratégie?

Pernod-Ricard a réussi l'Europe avant l'Europe. Compte tenu des différences de fiscalité, dont les taux s'échelonnent de 1 à 10 entre l'Europe du Sud et l'Irlande, notre situation aurait été dramatique si nous n'avions rien fait. Il fallait être chez nous partout en Europe, pouvoir tabler sur un prix identique à la sortie d'usine. Nous avons donc installé un réseau dans chaque pays, sauf au Portugal, au Danemark et en Belgique, où, pour des raisons diverses, nous n'y sommes pas parvenus. Sur ces trois territoires, nous travaillons avec des importateurs, des distributeurs locaux.

Les tentatives de concentration de la distribution au niveau européen ont-elles influé sur votre politique?

Les eurocentrales d'achat existent déjà en pratique depuis longtemps, car de nombreux distributeurs diversifient géographiquement leurs achats. En gros, nous avons affaire à trois conceptions du commerce, la française, la britannique et l'allemande. Ce qui nous attend à l'avenir en Europe, c'est une coexistence de ces trois modèles. Il faudra s'y adapter. Car la clé de la réussite d'une implantation européenne est double: maîtrise de la distribution et homogénéisation du prix.

Y a-t-il un impératif de taille européenne?

Il est difficile d'imaginer aujourd'hui une marque non européenne. De ce point de vue, nous bénéficions de vraies grandes marques, dont nous assurons en plus la distribution. Qui plus est, nous avons pu créer une nouvelle marque sur le marché pourtant encombré du whisky: Clan Campbell. Mais ces marques de dimension européenne sont aussi complétées par des produits appuyés sur de fortes positions locales. C'est le cas de Ramazotti, qui dispose en Italie d'un marché très fort, ou de certains spiritueux en Grèce ou en Allemagne.

Compte tenu des progrès réalisés par votre entreprise dans certaines régions du monde comme le sud-est asiatique, l'Europe demeure-t-elle un marché prioritaire?

Par essence, oui, puisque nous y sommes proches de nos bases. Nous commençons à y être bien installés. C'est précisément la raison pour laquelle nous mettons les bouchées doubles ailleurs. Et, bien entendu, en Asie du sud-est.

Votre dimension européenne vous a-t-elle contraint à changer vos méthodes de management?

Lorsqu'on se lance dans l'aventure internationale, il ne faut pas aller plus vite que la machine. Si on n'a pas les hommes nécessaires, il est inutile de s'installer hors des frontières. Lorsque, comme cela est notre cas, on procède à des achats de sociétés par voie amicale, on dispose forcément des collaborateurs en place dans les entreprises acquises. En Italie, tous nos salariés sont italiens, en Irlande, irlandais. Nos préférences vont en générale aux gens du pays. Notre expansion internationale ne nous a donc pas gênés de ce point de vue.

Propos recueillis par Yannick Le Bourdonnec,
Le Nouvel Economiste, 1er mai 1992

La Défense à Paris

L'AGRICULTURE ET LA PÊCHE

3C   *Une guerre de la viande dans nos campagnes*

Une interview de Raymond Lacombe, président de la FNSEA (Fédération Nationale des Syndicats d'Exploitants Agricoles).

En deux ans, les éleveurs français ont vu leur revenu diminuer de 50%, chiffre impressionnant qui peut donner une idée de «la crise de la viande». Certains parlent même de guerre dont sont victimes les éleveurs de France. La guerre de la viande, c'est une réalité?

Oui. Nous avons connu, ces dernières années, un trafic de viande et de bétail qui a pris des proportions ahurissantes. Pour la seule année de 1990, plus d'un million de tonnes de viande est entré clandestinement en France, en provenance des pays de l'Est essentiellement. Cela a compté pour beaucoup dans l'effondrement des cours. C'est même l'une des causes principales de la crise.

Et l'Europe communautaire contre laquelle s'insurgent tant d'éleveurs?

Je ne nie pas qu'il y a beaucoup à faire concernant la régulation du marché et les réglementations au sein de la CE. Mais je vous rappelle que pour les produits agricoles, les frontières sont ouvertes depuis le traité de Rome en 1957. On ne peut pas revenir en arrière sous peine de perdre définitivement des marchés.

Mais l'inquiétude persistante, voire l'exaspération des éleveurs?

J'en suis conscient. L'urgence, je le répète, c'est d'abord de régler cette question des importations frauduleuses. Il y a eu un net progrès. Et je vois

un espoir se dessiner: le pari sur la qualité.

A l'heure où 65% de la viande est distribuée par les supermarchés, des produits standards, sans aucune origine vérifiable, sont vendus à très bas prix, ce qui – dit-on – provoque la faillite de nombreux éleveurs . . .

Ne confondons pas tous les problèmes. Celui de la distribution en est un; la grande distribution ne doit pas imposer sa loi. Et la réglementation sur ce point fait aussi partie des urgences, comme la nécessaire élévation des cours, ou encore la question des excédents. Mais, même si ce n'est pas la solution à tous nos problèmes, j'affirme que miser sur la qualité de la viande bovine peut être très bénéfique.

C'est-à-dire?

Nous avons les meilleurs bovins du monde, des races de haute qualité: charolais, limousin, normand et j'en passe. Mais il n'existe pas encore de label d'origine, comme pour les grands vins. Cela va venir. Il y aura là une formidable source d'exportations, à destination des Japonais ou des Américains, par exemple, au même titre que les parfums ou le champagne dont ils sont si friands. Une viande plus chère mais savoureuse et prestigieuse. Un produit exceptionnel!

Vous n'y voyez pas d'autre obstacle?

Si, bien sûr, il reste à vaincre le protectionnisme astucieux de ces pays qui interdisent l'importation de viande de bêtes vaccinées alors que ces vaccins, contrairement aux hormones, n'ont absolument aucune incidence sur la qualité de la viande. Cette question de l'exportation en Asie ou en Amérique sera bientôt résolue.

Les éleveurs français ont donc confiance dans la qualité de leurs produits?

La qualité est un débouché prometteur. Regardez en France: aujourd'hui 35% des poulets vendus sont des poulets fermiers, élevés au grain. Je crois à la nécessité de labels d'origine pour la viande bovine. On vient d'en déposer un pour ces bêtes qu'on appelle si joliment «fleurs d'Aubrac». Il est pour l'instant limité au Sud-Ouest. C'est un début...

Propos recueillis par H. de Saint-Hilaire,
Le Figaro, 24 mars 1992

FORMATION ET CARRIERES

4C   *L'école de la qualité*

Une interview de Charlotte de Damas, responsable de la formation Interflora-France.

Que représente actuellement votre entreprise en France?

Tout le monde connaît la marque Interflora symbolisée par le Mercure ailé. Initié avant la Première Guerre mondiale par les Américains et les Allemands, très vite suivis par les Français, Interflora est aujourd'hui fort d'un réseau de 5 500 fleuristes qui desservent toute les 36 000 communes, pour un chiffre d'affaires de 657 millions de francs. A titre d'exemple, l'an dernier, les «interfloristes» ont porté plus de deux millions de bouquets à leurs destinataires.

Et sur la scène internationale?

Présent dans 140 pays, Interflora est le leader mondial de la transmission florale. A supposer que tous les interfloristes forment une chaîne autour de la terre, il y en aurait un tous les 700 mètres!

Comment se déroule la formation chez Interflora?

Notre développement de la qualité au service du client est indissociable de l'amélioration professionnelle et permanente des membres de notre réseau. A cet effet, notre société, après avoir contribué à la naissance de l'Association des Fleuristes de France, destinée à développer la qualité des interfloristes, a chargé cette dernière d'assurer le perfectionnement de son réseau, notamment par la formation.

En quoi consistent les cours organisés par cette Association?

Les cours dispensés sont classées en trois niveaux de perfectionnement. Ils traitent aussi bien des techniques florales que de vente, d'emballage, des techniques spécifiques à Interflora et sont dispensés par des professionnels de très haut niveau.

Sur quels critères sélectionnez-vous les fleuristes de votre réseau?

Tout d'abord sur la qualité. Lorsqu'un fleuriste demande à adhérer à notre réseau, il doit avoir fait la preuve de sa compétence et de son sérieux. Il est essentiel, compte tenu de notre fonctionnement, que le bouquet commandé à Toulouse soit d'aussi bonne qualité que celui que le destinataire aurait acheté à Toulouse. Des contrôles sont effectués régulièrement. Ceux-ci ont été fortement développés l'an dernier et se sont traduits par de nombreux ordres-tests, tant à l'exécution qu'à la vente.

Quels sont les diplômes sanctionnant les formations au métier de fleuriste?

Il en existe plusieurs. Ainsi environ la moitié des fleuristes français sont titulaires d'un Certificat d'Aptitude Professionnelle, 5% du Brevet Professionnel et un très petit nombre d'une Maîtrise de fleuriste. Nous formons également à des techniques de communication globale pour aider, par exemple, les fleuristes à communiquer avec les médias ou à organiser des réunions. Ils doivent également optimiser l'utilisation de la marque lors des événements nationaux et des fêtes. En moyenne, l'adhésion à notre groupement entraîne pour le fleuriste une augmentation de 15% de son chiffre d'affaires.

Avez-vous une culture d'entreprise?

Née voici plus de 60 ans, Interflora est une société qui, en effet, a une culture propre basée sur la notion de service, et tout est fait pour satisfaire nos clients. Ainsi, au cours des dernières années, un numéro vert a été mis en place ainsi qu'un serveur Minitel. Dans cet esprit des outils nouveaux visant à aider et faciliter la vente, et donc la commande, nous venons de lancer Floratrans 3, qui est un réseau informatique intégré permettant à chaque fleuriste de passer une commande directement à l'un de ses confrères, quelles que soient son implantation géographique et ses capacités. Nos fleuristes ont ainsi les mêmes capacités informatiques que les plus grandes sociétés.

Et si vous deviez définir votre philosophie de la formation?

Notre philosophie de la formation tourne autour de trois concepts simples: le savoir-faire, l'excellence et la qualité. Cette année, avec la mise en place de Floratrans 3, c'est la totalité de nos 5 500 fleuristes que nous formons. Nous proposons désormais à nos clients un album intitulé «l'Album-Interflora», dans lequel ils peuvent choisir des idées de cadeau-fleurs. Chacun de nos adhérents doit pouvoir réaliser les bouquets présentés en tenant compte des contraintes saisonnières. Cela correspond à un gros travail de formation. Interflora s'apprête donc à relever ce défi … au service toujours mieux défini et garanti des clients.

Propos recueillis par Ludovic Pion-Dumas,
Le Figaro, 23 juin 1993

L'INDUSTRIE ET L'INFORMATIQUE

5C Les puces contre la liberté

Une interview de Roland Moréno, inventeur de la carte à puce.

Tout le monde dispose désormais d'une carte bancaire. Cette médaille magique est vraiment très commode, mais la médaille (de plastique, avec ou sans puce) a son revers: chacune de ses utilisations est dûment enregistrée, consignée en mémoire d'ordinateur et laissée à la libre disposition ... de la police. Alors, nous sommes tous fliqués?

Hélas! Les informaticiens ont une tendance maniaque: la conservation de toutes les informations, pour le cas où ... Une information, c'est sacré, cela ne s'efface pas. Information, c'est-à-dire n'importe quoi, quelques chiffres, le lieu, le coût, l'heure de chaque franchissement de péage autoroutier par exemple. Ou le listing complet de tous les appels téléphoniques effectués à partir d'un standard d'entreprise ... ou d'hôtel.

N'y a-t-il pas moyen de combattre cette intrusion dans nos affaires?

Qu'y pouvons-nous? Les standards téléphoniques sont conçus ainsi. On ne va quand même pas payer un supplément pour ne pas conserver ces informations ... De plus, au train où vont les technologies, il faut craindre que, bientôt, non seulement l'horaire et les identifiants de la communication seront conservés, mais aussi leur contenu intégral! La numérisation de la voix fait des progrès étonnants et exige de moins en moins de mémoire informatique.

Mais alors, que faire?

Deux choses. Premièrement, appliquer les lois en vigueur. Il existe dans ce pays une Commission Nationale de l'Informatique et des Libertés, la CNIL. Dans l'intérêt du citoyen, elle est, je cite les textes officiels, chargée de surveiller le bon usage de «la gestion et le traitement automatique des données personnalisées». Dans ces conditions, je m'étonne qu'un gérant d'hôtel puisse spontanément communiquer à la gendarmerie, sur simple demande − et sans aucune réquisition judiciaire, sans même que la personne concernée soit mise en examen pour quoi que ce soit − le listing des appels passés depuis l'une des chambres.

Et la seconde chose à faire?

Limiter au maximum la création de ces «informations» inutilement stockées. A quoi bon consigner, puis gérer à grands frais, dans un ordinateur distant, une «information» aussi anodine que, par exemple, la trace d'un péage autoroutier par tel automobiliste, sous prétexte d'une transaction de quelques dizaines de francs?

Mais c'est inévitable, du moment que l'on paie avec la carte ... à puce dont vous êtes l'inventeur.

Ne mélangeons pas tout. Si vous acquittez votre péage avec votre carte bancaire, la transaction laissera une trace. Elle sera évidemment imputée sur votre compte, enfin sur le compte de la personne qui tend sa carte, et qui peut n'avoir aucun lien apparent avec le conducteur ou le propriétaire du véhicule. Mais vous pouvez aussi, dans tous les cas, choisir de régler votre péage en liquide, ni vu ni connu.

Mais alors, où est le problème?

Le problème est dans ce qu'on appelle le «télépéage»: vous ne vous arrêtez plus au péage.

Des expériences sont en cours dans de nombreux pays, la France comprise. Votre passage est enregistré automatiquement. Dès lors, il est soit acquitté, soit facturé. Facturé: c'est l'informatique à la papa. Votre véhicule est identifié, par un système genre code barres, et une facture émise. Le tout est, pour un prélèvement sur votre compte, consigné dans un ordinateur — avec tous les inconvénients que l'on a dits. Acquitté: vous avez payé d'avance, par exemple avec une carte à puce sans identificateur. Au péage, cette carte prépayée — comme une télécarte — est automatiquement débitée par un dispositif approprié (un nombre convenu d'unités de base est détruit dans la mémoire de la carte). Résultat: aucune trace. C'est exactement comme de l'argent liquide, vitesse et modernité en plus.

Suivons-nous l'exemple des Etats-Unis dans l'utilisation des cartes électroniques?

Aux Etats-Unis, le premier système — celui de l'informatique à la papa, créatrice d'informations inutiles et gênantes — est appliqué de façon courante. Au contraire, de ce côté-ci de l'Atlantique (France, Grande-Bretagne, Pays-Bas et quelques autres), on étudie le système numéro deux, à base de cartes à puce prépayées ... et, bien entendu, j'espère que cette philosophie triomphera.

Donc, votre carte à puce, c'est une garantie contre l'espionnage électronique?

A partir du moment où vous instaurez la «monétique» — l'usage de l'argent électronique — vous n'avez que deux solutions. Ou bien un badge d'identification, qui permet de déclencher une facturation, avec toute cette création et consignation d'informations indiscrètes dont j'ai parlé; c'est une solution lourde, absurde, inutilement coûteuse, et dangereuse pour nos libertés. Ou bien un badge de paiement (c'est en effet la carte à puce), qui ne reçoit plus l'ordre de «parler» mais celui de payer, instantanément et

anonymement. Il faut savoir ce que l'on veut. De toute façon, le crédit n'est jamais gratuit ...

Propos recueillis par Fabien Gruhier, *Le Nouvel Observateur*, 26 août/1er septembre 1993

LE COMMERCE ET LA DISTRIBUTION

6C   *Mon entreprise en 2001*

Interview de Michel-Edouard Leclerc, coprésident des centres Leclerc.

La formule Leclerc, c'est à la fois un principe, le discount, et une structure, le groupement d'indépendants. Cette formule sera-t-elle encore utilisée à la fin du siècle?

Nos choix stratégiques dépendent de notre perception des trois mouvements de fond qui caractérisent la distribution française. Le premier est la concentration croissante de nos fournisseurs, les industriels. La distribution se concentre aussi, mais avec un temps de retard. Le deuxième est l'internationalisation; il est lié à la recherche de la taille critique, mais aussi à la lutte pour le pouvoir de négociation que se livrent l'industrie et le commerce.

Et le troisième?

Le troisième mouvement est le plus important, c'est l'évolution de la consommation, une évolution qui se fait au détriment des produits alimentaires, lesquels sont à l'origine de la plupart des grands groupes de distribution. Il faut donc sortir de l'exclusivité alimentaire — chiffre d'affaires en déclin, marges laminées — pour développer des secteurs nouveaux: santé, culture, loisirs, équipement de la maison, bricolage, etc.

Qu'est-ce que cela implique pour les dix années à venir?

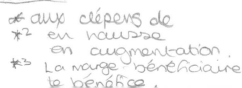

La maîtrise de plusieurs métiers: l'alimentation, qui reste à la base des hypermarchés, mais aussi beaucoup d'autres qui supposent un véritable savoir-faire, une préconisation et un espace de vente plus confortable ... D'où, à l'horizon 2000, des magasins plus grands, un personnel mieux formé et des financements plus importants.

Le contexte que vous décrivez est le même pour tous. Mais toutes les entreprises de distribution doivent-elles faire le même choix stratégique?

Pas du tout. Intermarché, par exemple, a choisi de développer un concept généraliste fondé sur une culture commerciale de base (discount, peu de références, magasins de proximité et d'attraction locale) tout en déclinant son enseigne autour de logos plus spécifiques: Logimarché, Bricomarché, Vêtimarché ... Auchan fait un peu la même démarche: il utilise son enseigne pour les hypers classiques et, parallèlement, il cherche à améliorer ses marges et à satisfaire des publics mieux ciblés à travers un réseau d'enseignes parfois concurrentes des rayons de ses propres hypers – Décathlon, Leroy-Merlin, Flunch, Norauto. Une autre approche est celle de distributeurs tels que la Fnac, Conforama, Darty, Virgin, Ikea ou Habitat qui développent uniquement des concepts spécialisés.

Avez-vous choisi une de ces voies?

Les centres Leclerc, comme probablement Carrefour et Mammouth, ont choisi une troisième voie, la multispécialisation sous une même enseigne. Cela veut dire que nos centres sont tous appelés à devenir des hypers dont la départementalisation interne sera de plus en plus poussée. Au lieu d'avoir un rayon cosmétiques, on aura un espace santé ou parapharmacie; au lieu d'avoir un rayon livres, on aura une librairie. Le tout sur un même site et sous une même enseigne.

Comment voyez-vous alors la concurrence d'ici à la fin du siècle?

La grande bataille de l'an 2000 verra s'opposer un nombre restreint de distributeurs à partir d'enseignes et de concepts très différenciés: le rayon électroménager de Carrefour contre celui de Darty, le rayon sport de Continent contre Décathlon d'Auchan ...

Les consommateurs demanderont de plus en plus de services. Comment concilier cette exigence avec le discount?

On a longtemps dit que le discount s'arrête là où commence le service. C'est vrai si le service est complexe. Mais on voit désormais apparaître des «produits de service», c'est-à-dire des services banalisés, standardisés. Ainsi, la restauration commence au rayon traiteur de l'hyper. Les voyages s'achètent clés en main. Les assureurs et les fabricants de crédit à la consommation concoctent des contrats types. Autant de produits de service qui peuvent être distribués sans effort majeur de préconisation, et que nous ne devons pas négliger sous peine de passer à côté d'un marché d'avenir.

Aucune entreprise n'est éternelle. Parmi tous les critères de pérennité qu'on peut imaginer, lequel privilégiez-vous?

Une politique commerciale qui soit facilement lisible par les consommateurs et qui cherche en permanence à s'adapter à la demande. Le pire des cas de figure, c'est un management qui s'embourgeoise et des capitalistes qui refusent d'endosser la part d'aléa que suppose une stratégie fluctuante.

Propos recueillis par Hervé Jannic, *L'Expansion*, 15 octobre/10 novembre 1992

LES TRANSPORTS

7C   *La route des estuaires reste une priorité*

Une interview de Pierre Méhaignerie, président du conseil général d'Ille-et-Vilaine.

Le projet de plan régional de la Bretagne affirme la priorité à l'Ouest breton. Ce choix a des conséquences concrètes. Sur les projets routiers, par exemple, comment allez-vous répartir l'enveloppe?

A l'intérieur de l'enveloppe de 4,935 milliards, destinée à la Bretagne, l'Etat n'a pas encore décidé de la part qu'il affecterait aux routes. J'ai proposé au ministre de l'Equipement d'aller un peu moins vite que souhaité sur la réalisation de la route des Estuaires.

Donc Rennes-Caen ne serait pas terminée en cinq ans mais étalée sur deux plans . . .

En six ou sept ans au lieu de cinq. C'est mon avis personnel. Cela permettrait de finir en même temps que la quatre voies du Lamballe-Pontorson, qui est la route du Nord-Bretagne vers la Normandie et qui rejoindra la route des Estuaires pour aller vers le tunnel sous la Manche et le nord de l'Europe. Cela permettra aussi d'avancer la modernisation de la route de Bretagne centrale, afin de lutter dans cette partie de la région contre un sentiment d'abandon, même si l'on peut débattre de ce projet est-ouest contre d'autres projets nord-sud, par exemple.

La route des Estuaires n'est plus pour vous une priorité?

Si, mais elle ne peut être la seule. Elle reste d'autant plus prioritaire que c'est un axe international, entre Europe du sud et Europe du nord.

Elle est vitale pour le tourisme du grand Ouest. Cela a été, en 1986, un choix d'aménagement du territoire pour la façade atlantique. Si nous ne la réalisons pas, ou si nous y mettons un péage, comme je l'entends réclamer parfois, nous ne capterons pas ce trafic, qui ira alors sur l'autoroute Rouen–Le Mans–Tours.

La priorité à l'Ouest breton remet-elle en cause le projet de l'aéroport international à Notre-Dame-des-Landes, près de Nantes?

Si on me démontre que Brest peut jouer un rôle d'aéroport international pour tout l'Ouest, je choisis Brest pour les mêmes raisons d'aménagement du territoire. Aux experts de répondre: y a-t-il dans le monde des exemples d'aéroports périphériques qui peuvent attirer 8–10 millions d'habitants ainsi que des lignes régulières internationales? Je ne ferme pas la porte. Mais il y a une réalité incontournable: la saturation à terme de l'aéroport de Nantes-Atlantique. Profitons-en pour nous demander si, de la Vendée à la Basse-Normandie, un grand Ouest uni autour d'un tel projet n'aurait pas de meilleures chances d'attirer les entreprises pour lesquelles la proximité d'un aéroport international serait un élément déterminant d'implantation. En attendant, gardons Notre-Dame-des-Landes sous le coude.

Ce grand Ouest, comment le définissez-vous?

C'est Bretagne-Pays de Loire, peut-être Poitou-Charentes et une partie de la Basse-Normandie. Je suis convaincu que dans 10–15 ans nous aurons une grande région de 7–8 millions d'habitants. Elle serait la deuxième après Rhône-Alpes. Avec une image forte: goût du travail bien fait, bonne formation, qualité de vie, identité culturelle sont autant d'atouts qui peuvent attirer.

En donnant un coup d'arrêt au VAL, le

ministre des Transports ne risque-t-il pas de priver Rennes de son projet urbain au moment où Nantes reconquiert son centre-ville et se dote d'une image forte?

Rennes doit jouer la qualité plus que la quantité. Or le VAL c'est le choix de la densification urbaine. C'est un moyen de transport pour les agglomérations d'au moins 600 000 habitants. En tant que citoyen, je pense qu'il y a d'autres investissements à faire. Et d'autres solutions moins coûteuses à trouver.

Peut-on encore aujourd'hui, comme dans les années 50 et 60, ordonner la décentralisation d'emplois publics ou privés?

Ordonner non, inciter fortement oui. Et dans l'intérêt des entreprises. Toutes celles qui se sont décentralisées s'en portent mieux et leurs salariés aussi. Dans les services publics, la demande pour revenir travailler dans l'Ouest est considérable alors que l'on assiste, depuis les lois de décentralisation, à un développement des surfaces occupées par les administrations dans la région parisienne.

Propos recueillis par Didier Eugène,
Ouest-France, 22 septembre 1993

Jean-Pierre Prével

Pierre Méhaignerie, président du conseil général d'Ille-et-Vilaine

L'ECONOMIE ET LA CONJONCTURE

8C   *Une journée de confrontation*

Une interview de Chantal Cumunel, numéro deux de la Confédération Générale des Cadres (CGC).

En rencontrant spectaculairement le gouvernement, la CGC ne craint-elle pas que cette opération soit récupérée à d'autres fins que syndicales?

Cette rencontre s'inscrit dans la suite de notre congrès d'octobre, quand le ministre du Travail nous avait proposé d'organiser une journée de réflexion entre le gouvernement et la CGC. Son objet est de confronter des analyses et des idées, d'évaluer des propositions. La situation générale de l'emploi et la montée du chômage des cadres sont des questions suffisamment graves pour justifier à elles seules que nous saisissions cette occasion pour les présenter au gouvernement. Dès que l'on agit, il y a toujours le risque de se faire critiquer. Ce risque, la CGC est prête à le gérer car il lui parait préférable à l'attentisme.

Pourquoi rencontrer le gouvernement plutôt que le CNPF?

Dans l'exercice de nos responsabilités, nous avons deux grands interlocuteurs: un interlocuteur privilégié qui est le monde patronal, et un interlocuteur naturel qui est le monde politique. Ce que nous constatons aujourd'hui, et nous le déplorons, c'est l'absence du CNPF dans les grands débats sociaux. Nous acceptons de dialoguer avec tous ceux qui s'intéressent à ce que nous représentons, pensons et proposons. Il s'avère qu'aujourd'hui c'est le gouvernement. A terme, il serait certainement regrettable que

celui-ci s'impose comme le seul interlocuteur des organisations syndicales. Aussi, je souhaite que le retrait actuel du CNPF ne soit que passager.

Quelles sont les principales critiques que vous adresserez aux ministres qui seront en face de vous?

Il s'agit moins de formuler des critiques que d'explorer des pistes de réflexion et d'action sur les stratégies économiques et financières, sur les choix opérés en matière de productivité, sur les contraintes de la compétitivité et de la concurrence internationale: autant de facteurs qui contribuent à perturber l'organisation de l'emploi et concourent à déstabiliser les cadres dans leur vie professionnelle et privée.

Comment comptez-vous vous expliquer sur ce point?

Nous nous attacherons à mettre en évidence que c'est moins le statut que la manière d'être et d'agir dans le développement des compétences et dans l'acquisition des responsabilités, qui caractérise le cadre d'aujourd'hui. Bien sûr, nous aborderons aussi des questions particulières en ce qui concerne l'emploi des cadres, telles l'arrivée des jeunes diplômés à leur première embauche ou la reprise de petites entreprises par les cadres. Une nouvelle fois, nous insisterons auprès du gouvernement sur l'urgente nécessité d'intégrer la réalité du chômage des cadres dans sa politique de l'emploi: un pays qui ignore ses cadres délaisse son avenir.

Vos préoccupations se limitent-elles à la situation des cadres?

Au-delà de la spécificité de l'encadrement, nous voulons accentuer nos débats sur les moyens d'inverser les courbes du chômage. Il s'agit d'appréhender la productivité en fonction des secteurs d'activité, de rechercher l'efficacité des aides publiques en incitant les entreprises à s'engager pour l'emploi, de favoriser la relance économique, d'initier les emplois de la «qualité de vie», et de repenser l'assiette des prélèvements sociaux et fiscaux. Notre volonté est de sortir du pessimisme ambiant et du négativisme que l'on nous vend trop facilement, pour promouvoir de l'optimisme et de l'espoir.

Comment expliquez-vous la très faible syndicalisation des cadres en France?

Le Français a tendance naturellement à se contenter d'être simple témoin ou bénéficiaire de ce que d'autres décident. Je devrais dire «avait» car les récentes manifestations d'agriculteurs, d'étudiants ou de pêcheurs, ainsi que la multiplication d'initiatives locales organisées sous la forme associative, attestent d'un besoin d'exister socialement, que ce soit collectivement ou individuellement.

Dans quelle mesure ces observations s'appliquent-elles au cadre?

Pour ce qui est du cadre, compte tenu de sa position particulière dans l'organisation de l'entre-prise, il estime souvent difficile de trouver l'équilibre entre ses responsabilités professionnelles et ses fonctions sociales, alors qu'il devrait y voir complémentarité des rôles. Cette ambiguïté est entretenue par le fait que l'exercice syndical n'est pas perçu comme un «métier», même s'il demande compétence et professionnalisme, tant les questions sociales se complexifient elles aussi.

Comment justifieriez-vous alors l'exercice syndical pour un cadre aujourd'hui?

S'engager dans l'action syndicale pour un cadre ne traduit pas seulement une volonté de militer, c'est aussi acquérir une dimension sociale tout aussi indispensable à mes yeux que la dimension économique ou technique.

Propos recueillis par Jean-Louis Validire
Le Figaro économie, 10 février 1994

LES TELECOMMUNICATIONS

9C L'Europe des télécommunications

Une interview de Marcel Roulet, le P-DG de France Télécom.

Pensez-vous avoir un rôle à jouer dans la construction de l'Europe?

Le marché commun des biens existe. Il reste à réaliser celui des services, et notamment celui des télécommunications, qui représentent le système nerveux de l'économie. C'est aux opérateurs déjà en place de construire le réseau européen des télécommunications de demain, à haut débit et le plus performant possible. Cette mission est particulièrement importante au moment où chaque pays est en train de mettre en place une nouvelle infrastructure à base de fibres optiques. Il faut qu'il y ait une complète harmonisation.

Vous ne tenez donc pas l'harmonisation européenne pour acquise dans les télécommunications?

Cela ne va pas de soi. Chercheurs, industriels ou exploitants, chacun a ses particularismes nationaux, ses spécificités, ses habitudes. Si vous ne faites pas exactement les mêmes choix techniques, vous ne pouvez pas faire communiquer vos réseaux avec le maximum d'efficacité. Il faut une véritable volonté politique pour y parvenir.

Existe-t-il un consommateur européen des télécommunications?

Oui, car les Européens voyagent. Et ils s'aperçoivent que leur carte de téléphone n'est pas du même standard, et que leur radiotéléphone s'arrête à la frontière. Il faut absolument une politique européenne de définition des services et de leur interopérabilité. Actuellement, nous travaillons à créer toute une série de «services confort». Ils permettront d'identifier la personne qui vous appelle grâce à un petit écran, ou de ne recevoir que les appels de certaines personnes en renvoyant les autres sur un répondeur. On imagine combien il serait préjudiciable pour le consommateur que les différents pays d'Europe ne fassent pas les mêmes choix.

Vous entretenez une politique d'alliance avec votre partenaire, la Deutsche Bundespost Telekom, notamment pour la création d'une société commune de réseaux privés. Un axe franco-allemand est-il suffisant pour préparer l'Europe?

L'axe franco-allemand des télécoms n'est peut-être pas suffisant, mais il est nécessaire. Il existe une longue tradition de coopération entre France Télécom et la Deutsche Bundespost Telekom. L'une et l'autre donnent la priorité au partenariat par rapport à la compétition.

Pourquoi pas le même rapprochement franco-brittannique?

BT (ex-British Telecom) a affiché publiquement son ambition d'être le seul opérateur européen sur la scène mondiale à la fin de la décennie et privilégie la compétition par rapport à cette logique de partenariat qui est tout à fait fondamentale pour préparer l'Europe.

Vous envisagez donc d'autres partenaires?

Pour faire l'Europe, on peut commencer à deux, à trois ou à quatre. Il ne s'agit pas de se refermer sur un axe franco-allemand, mais de constituer un pilier central. Nos systèmes et nos accords sont ouverts. Ceux qui le souhaitent peuvent ensuite nous rejoindre, mais sur les bases des promoteurs. C'est ainsi que s'est construite la Communauté.

La déréglementation contribuera-t-elle à préparer l'Europe des télécommunications?

Oui, si l'on considère que l'ouverture à la compétition oblige les monopoles à se remettre en cause, à rechercher une plus grande efficacité, à mieux prendre en compte les besoins des clients. Non, si la logique de compétition sans limites empêche l'harmonisation européenne et conduit à remettre en cause des aspects de notre service au public. L'accès de tous au téléphone, un coût unique d'abonnement pour l'ensemble du territoire, ou un même prix pour des communications de même distance, tout cela nous paraît naturel. Or cela n'existe déjà plus en Grande-Bretagne. Le prix des communications y est totalement lié aux prix de revient dus aux flux de trafic. Dans cette logique, il coûterait moins cher de téléphoner de Paris à Lyon que de Paris à La Rochelle, ce qui représente à peu près la même distance, parce que dans le premier cas il y a plus de trafic.

Quelle doit-être l'attitude de Bruxelles envers la déréglementation?

Eh bien, ceci va obliger Bruxelles à se poser la question de la légitimité des préoccupations en tant que service public, d'aménagement du territoire, d'accès de tous à des services de base.

Propos recueillis par Jacqueline de Linares,
Le Nouvel Economiste, 24 avril 1992

Marcel Roulet avec Jacqueline de Linares du « N.E. ».

P. Lesage – «Le N.E.»

LA PUBLICITE ET LES MEDIAS

10C   *La grande chance de la presse écrite*

Une interview de Françoise Sampermans, P-DG de *L'Express*, le plus ancien des news magazines français, qui est aujourd'hui la propriété de la Générale occidentale, filiale du groupe Alcatel-Alsthom.

On prête de grandes ambitions à votre groupe, tant dans le domaine des médias que dans celui des télécommunications. Où en est la mise en place du GIE «Le Point-L'Express»?

Il a été constitué en début d'année, selon le calendrier prévu. Des services communs sont d'ores et déjà en place: la fabrication, la vente au numéro, les abonnements. Aujourd'hui, nous testons un possible couplage publicitaire. A mon avis, tout sera finalisé en fin d'année.

Cette opération vous rapportera-t-elle l'économie de 30 millions de francs que vous aviez annoncée?

Au moment de notre rapprochement, nous avons effectivement prévu que les économies sur les frais d'impression et les achats seraient de l'ordre de 30 millions de francs en année pleine. Sur ce point, nous avons rempli notre contrat. Au-delà, tout dépendra du succès du couplage, des économies de fonctionnement sur les équipes communes, éventuellement de celles réalisées grâce à une réduction d'effectifs. C'est au fur et à mesure de la mise en place du GIE que ces autres économies seront identifiables.

Qu'en est-il de votre plan social?

A vrai dire, ce n'est pas un plan social. Nous avons proposé au personnel, sur la base du volontariat, des conditions de départ accompagné. Par exemple, une aide à la création d'entreprise. Nous avons aussi privilégié le temps partiel. Jusqu'à présent, une trentaine de personnes ont profité de ces dispositions. Notre objectif est d'économiser une vingtaine de millions sur la masse salariale. Mais tout dépend du marché de la publicité, qui est très fluctuant. Nous faisons le bilan trimestre après trimestre.

On a dit que *L'Express* avait perdu, en 1991, 40 millions de francs, et 20 millions l'an dernier. Qu'en est-il?

Personne n'a les bons chiffres. Mais je ne souhaite pas les communiquer, puisque mes concurrents ne le font pas. Cela dit, j'ai l'espoir d'équilibrer les comptes cette année. C'est une question d'avenir. Tant que l'entreprise n'est pas rentable, elle ne peut pas être efficace et indépendante. Elle dépend ou d'un mécène ou de ses banquiers.

Quelle est la situation de la diffusion et celle des recettes publicitaires?

La diffusion de *L'Express* est globalement stable depuis cinq à dix ans, avec des fluctuations d'environ 10 000 exemplaires. Quant aux ressources publicitaires, petites annonces comprises, elles baissent de 10% par an depuis trois ans, soit 100 millions de francs en moyenne annuelle. Cela nous oblige à nous réadapter chaque année.

Quelles sont les ambitions d'Alcatel et de la Générale occidentale en matière de média?

Nous sommes plutôt portés à nous engager dans l'écrit généraliste et haut de gamme, ce qui n'exclut pas les dossiers comme celui de RMC. Notre objectif est de constituer un groupe assez cohérent, permettant des synergies. Il peut en exister entre la presse et la radio.

Comment voyez-vous l'avenir de la presse hebdomadaire?

Je pense que la presse écrite reste le seul vecteur possible de la culture et du progrès de la pensée. Dans ce contexte, la presse hebdomadaire a une chance inouïe. Si elle évolue vers l'analyse et l'investigation, elle a un bel avenir. Les lecteurs ont envie qu'on leur raconte des histoires vraies et bien ficelées. Chaque semaine, on refait le roman de la vie. Et c'est quelque chose qui touche les gens au plus profond d'eux-mêmes.

Propos recueillis par Sophie Latil,
Le Figaro économie, 13 mai 1993

LE TOURISME ET L'HÔTELLERIE

11C *La chaîne hôtelière Adagio*

Une interview d'Yves Marchal, dirigeant des hôtels Adagio, filiale du groupe des Nouveaux Constructeurs.

La chaîne hôtelière Adagio a six ans. Pourquoi le groupe des Nouveaux Constructeurs a-t-il ainsi créé sa propre chaîne?

C'est l'aboutissement d'un savoir-faire né de réalisations antérieures. C'est aussi la résultante d'une volonté de diversification sur des métiers proches de l'immobilier et des services. Et c'est enfin un moyen de soutenir l'activité de base du groupe. A ce titre, Adagio occupe aujourd'hui une position significative dans l'activité des Nouveaux Constructeurs en région parisienne.

Comment se positionne la chaîne?

Dans les trois étoiles ou les trois étoiles plus. Axé sur le créneau des affaires, l'hôtel Adagio est un complexe qui allie chambres, restauration et séminaires. Mais les salles de réunions ne sont pas des placards. Nous leur affectons une partie claire et agréable de la construction. Il y a là une volonté d'anti-standardisation.

Pourriez-vous expliquer ce dernier concept?

Un Adagio, c'est un hôtel à taille humaine, avec 100 à 300 chambres, pas davantage. De même, Adagio a opté pour une connotation culturelle. Son nom évoque la musique et nous organisons des concerts de musique classique ou de jazz dans nos hôtels. Chacun d'entre eux a, en outre, son piano-bar qui est aussi ouvert au grand public. Il y a là un désir de créer un lieu de vie, une sorte de centre de culture.

Quels sont aujourd'hui vos implantations et les lieux que vous recherchez?

La cible est clairement la région parisienne, non la totalité du territoire. Le premier hôtel a ainsi été ouvert en 1986 à Boulogne, un autre lui a succédé en 1987 à Saint-Quentin-en-Yvelines. Puis ont suivi la rue de Vaugirard et Sèvres en 1990, La Défense l'an dernier.

Et en ce qui concerne vos projets d'avenir?

Cette année verra l'ouverture de Marne-la-Vallée, Evry et Nantes. Ce dernier choix doit être considéré comme exceptionnel. Nous avions une opportunité foncière, l'ancien Hôtel Central, très bien placé, et nous l'avons saisie. En fait, nous croyons beaucoup à Paris, qui est une ville de congrès et de tourisme, et aux villes nouvelles qui nous paraissent prometteuses. Dans deux ans, un nouvel hôtel est prévu à Paris, sur des terrains qui appartenaient à Citroën.

N'avez-vous pas d'ambition hors de l'Ile-de-France?

Nous n'envisageons pas la province, sauf cas exceptionnel. En revanche, l'international nous intéresse. Des réflexions sont d'ores et déjà amorcées, sinon concrétisées en Espagne, à Madrid et Barcelone, ainsi qu'en Allemagne. Notre rythme de développement sera fonction de la capacité du groupe et des investisseurs.

N'allez-vous pas au-delà de l'activité strictement hôtelière?

Il y a, en effet, une forte demande de la part des hommes d'affaires pour des produits plus sophistiqués. Il peut s'agir de séjours de longue durée à l'occasion de missions d'audit, de périodes d'essai de nouveaux cadres ou de déménagements. Il s'agit alors de para-hôtellerie. Nous avons pour cela des résidences hôtelières comprenant des studios et des deux-pièces à Sèvres et à La Défense.

Dans ce contexte, l'immobilier d'entreprise vous intéresse-t-il?

Eh bien, nous avons 500 m² de bureaux à La Défense, qui constituent un petit centre d'affaires intégré à la résidence. Ils font l'objet de locations de durée moyenne, deux mois à un an, à l'occasion de créations de sociétés ou de missions ponctuelles.

Etes-vous propriétaires de vos hôtels?

Nous voulons en avoir la maîtrise de A à Z. C'est dire que nous ne nous développerons pas par franchise. Mais il n'est pas indispensable de rester propriétaire dès lors que l'on demeure l'opérateur au travers d'un bail commercial. Ainsi pouvons-nous trouver le financement auprès d'investisseurs et prendre ensuite le bail. C'est ce que nous avons fait avec des institutionnels à Boulogne et à Vaugirard. Mais on peut envisager aussi, à terme, la venue d'un partenaire durable, investisseur ou banquier.

Le Figaro, 2 juin 1992

L'EQUIPEMENT ET L'ENVIRONNEMENT

12C «*Halte au catastrophisme!*»

Une interview de Jean-René Fourtou, président de Rhône-Poulenc.

Vous n'avez plus maintenant que le mot «environnement» à la bouche. Vous vous sentez coupable?

Coupable? Je ne peux pas nier que les chimistes ont été parmi les plus pollueurs. Mais je crois aussi que nous sommes devenus, aujourd'hui, la profession la plus compétente en matière d'environnement. Nous avons beaucoup fait, beaucoup appris. En dix ans, et malgré le développement de ses activités, Rhône-Poulenc a réduit de 70% ses rejets dans l'eau!

Mais toutes ces mesures, vous les avez prises parce que les écologistes étaient là ...

C'est clair, les écologistes ont fait prendre conscience que l'environnement constitue l'un des enjeux majeurs de cette fin de siècle. Ils n'ont pas fini de jouer leur rôle. Seulement, il y a eu parfois de la démagogie. Pour se faire entendre, les écologistes devaient – c'est normal – forcer le trait, dramatiser. Il faut maintenant passer au stade du management, c'est-à-dire de l'efficacité. Car la période ancienne a été marquée par trop d'erreurs. Les priorités n'ont pas toujours été des meilleures, et la réglementation a eu des effets pervers, poussant davantage les entreprises à faire du lobbying contre l'excès de normes qu'à intégrer l'environnement.

Mais justement: l'association Entreprises pour l'Environnement que vous avez lancée, est-elle autre chose qu'un instrument de lobbying?

Le lobbying se fait secteur par secteur. L'association – qui rassemble des entreprises de la chimie, du pétrole, de l'emballage, de l'assurance, de l'informatique, etc. – n'a pas, elle, vocation à être un groupe de pression. Nous visons seulement, en tant que professionnels du management travaillant déjà beaucoup sur l'environnement, à faire progresser le débat. L'objectif n'est pas de dépenser moins, mais de dépenser mieux. Non pas d'informer moins, mais mieux, c'est-à-dire sur les vrais enjeux.

Vous dites qu'il y a trop de réglementations. Mais si l'on devait compter seulement sur le civisme spontané des industriels ...

Je propose un modèle: celui qui a permis de nettoyer toutes les plages françaises. Il y a dix ans, grâce à un indice regroupant toutes sortes de critères, on a attribué aux plages des classements allant de une à cinq étoiles. Quand les premières mesures ont été effectuées, on s'est rendu compte que la plupart des plages étaient en mauvais état. Heureusement, on ne s'est pas avisé de faire une montagne de réglementations. Résultat: l'année dernière, seules deux plages présentaient encore de véritables problèmes. Un progrès incroyable! On peut en tirer de grands enseignements. Le premier, c'est qu'il faut informer le grand public de façon simple. Une étoile, trois étoiles ... tout le monde comprend. Chaque commune a eu à cœur d'améliorer son score. Si l'on s'était embarqué dans un système de normes, de pénalités, je suis sûr que l'on n'en serait pas là.

Mais peut-on appliquer un système aussi simple à une usine chimique?

Mais il ne s'agit pas seulement d'usines chimiques. Voyez aussi les villes ou l'agriculture ... Ce que je veux dire, c'est ceci: qui est capable aujourd'hui de faire la liste des priorités? Personne! On parle aussi beaucoup de la réduction de la couche d'ozone, mais on ne parle pas de la malaria! Or, savez-vous que l'interdiction du DDT a conduit à l'extension irrésistible de cette maladie? Toutes les trente secondes, dans les zones tropicales, une personne meurt de la malaria. Chaque année, on enregistre plus de 100 millions de nouveaux cas. En Afrique tropicale, un enfant sur vingt meurt avant l'âge de cinq ans. La suppression des insecticides était-elle la priorité absolue? Il est très difficile d'avoir une vision hiérarchisée.

A qui appartient-il alors de définir les priorités?

Il faut arriver à ce que les écologistes, le grand public, les collectivités locales, l'administration et les entreprises parviennent à des concepts communs. Je propose donc qu'on se mette autour d'une table et qu'on se demande: «En fonction de quels critères allons-nous classer tout ça?» Moi, j'ai une liste de problèmes, vous avez la vôtre, comment allons-nous établir les priorités? Si l'on parvient déjà à ça, on aura fait un grand pas.

Si les industriels ne sont pas crédibles, c'est que beaucoup considèrent que l'environnement n'est pas leur problème!

Ce n'est que très partiellement vrai. Le cas de la chimie, par exemple, donne des raisons d'être optimiste. Les progrès déjà accomplis sont considérables. Dans dix à quinze ans, nous aurons des usines complètement propres. Certes, plus on tend vers le «degré zéro» de la pollution, plus cela devient difficile. Mais on y arrivera! Nos moyens nous permettront même de résoudre les problèmes d'environnement des autres. Alors, de grâce, pas de catastrophisme. Chaque jour, nous progressons. Il faut simplement y travailler ensemble, et avec méthode.

Propos recueillis par Christine Delavennat,
Le Point, 14 novembre 1992

Jean-René Fourtou, président de Rhône-Poulenc

Sigles et abréviations

ANCE Agence nationale pour la création d'entreprises

ANPE Agence nationale pour l'emploi (*national job centre*)

ASSEDIC Association pour l'emploi dans l'industrie et le commerce (*organisation managing unemployment contributions and payments*)

BTS Brevet de technicien supérieur (*advanced vocational diploma*)

CCI Chambre de commerce et d'industrie (*chamber of commerce*)

CE Communauté européenne

CFDT Confédération française démocratique du travail (*French trade union*)

CGC Confédération générale des cadres (*French trade union*)

CNIL Commission nationale de l'informatique et des libertés (*French national data protection agency*)

CNPF Conseil national du patronat français (*national council of French employers*)

CQFD Ce qu'il fallait démontrer (*QED*)

CSG Contribution sociale généralisée (*supplementary social security contribution*)

DRH Directeur des ressources humaines

EDF Electricité de France (*French electricity board*)

ESCP Ecole supérieure de commerce de Paris

ESSEC Ecole supérieure des sciences économiques et commerciales

FNSEA Fédération nationale des syndicats d'exploitants agricoles

GIE Groupement d'intérêt économique (*association for developing commercial interests*)

HEC (Ecole des) Hautes études commerciales (*major business school*)

INSEE Institut national de la statistique et des études économiques

IUP Institut universitaire professionnalisé

IUT Institut universitaire de technologie

JO Journal officiel (*government publication listing new acts, laws, etc.*)

P-DG Président-directeur général (*chairman and managing director*)

PME Petites et moyennes entreprises

PTT Postes, télécommunications et télédiffusion (*French postal and telecommunications service*)

RMC Radio Monte Carlo

SMIC Salaire minimum interprofessionnel de croissance (*guaranteed minimum wage*)

SNCF Société nationale des chemins de fer français (*French national railway company*)

SNECMA Société nationale pour l'étude et la construction des moteurs d'avion

TTC Toutes taxes comprises (*inclusive of tax*)

TGV Train à grande vitesse (*high-speed train*)

UNEDIC Union nationale pour l'emploi dans l'industrie et le commerce

VAL Véhicule automatique léger

VPC Vente par correspondance (*mail-order selling*)

Acknowledgements

The author and publishers would like to thank the following for their kind permission to reproduce copyright articles: *Les Echos* for 'L'Etat oblige à la récupération', Philippe Escande, 18/19 mars 1994; *L'Expansion* for 'Mon entreprise en 2001', Hervé Jannic, 15 octobre/10 novembre 1992, 'Novalliance recherche de nouveaux alliés', Yannick Le Bourdonnec, 9/22 septembre 1993, 'Les Français toujours économes', Laurence Ville, 9/22 septembre 1993, 'Les chantiers de la relance', 21 octobre/9 novembre 1993; *L'Express (The New York Times Syndication Sales Corporation)* for 'Séduction à tous les rayons', Patrick Cappelli, 11/17 avril 1991; *Le Figaro* for 'Le commerce ne mérite pas un chèque en blanc', Laurence Chavane, 23 janvier 1992, 'Le trafic de la viande dans nos campagnes', H. de Saint-Hilaire, 24 mars 1992, 'Le retour de Shell à la télévision', Maurice Dalinval, 6 mai 1992, 'La chaîne hôtelière Adagio', 2 juin 1992, 'Le Minitel toujours en forme', 4 mars 1993, 'La grande chance de la presse écrite', Sophie Latil, 13 mai 1993, 'L'école de la qualité', Ludovic Pion-Dumas, 23 juin 1993, 'Boulogne-sur-Mer tire son épingle du jeu', Jean Valbay, 4 février 1994, 'Une journée de confrontation', Jean-Louis Validire, 10 février 1994; *InfoMatin* for 'Le partage du travail dans les entreprises', Jean Louis Alcaïde, 17 février 1994; *Libération* for 'La France championne du monde du tourisme', Jean-Pierre Bourcier, 16 janvier 1992, 'Changer les règles du jeu sur l'Atlantique', Nathalie Bensahel, 6 mai 1992, 'Des clubs pour oser entreprendre', Eric Béal, 17 mars 1994, 'Michelin optimiste malgré de lourdes pertes', Vittorio de Filippis, 14 avril 1994; *Le Nouvel Economiste* for 'La VPC fait peau neuve', Béatrice Peyrani, 3 avril 1992, 'L'Europe des télécommunications', Jacqueline de Linares, 24 avril 1992, 'Les spiritueux dans le Marché unique', Yannick Le Bourdounec, 1er mai 1992, 'Suivez le guide EdF', Monique Gilbert, 19 juin 1992, 'Le vrai combat des fruits et des légumes', Frédéric Thérin, 18 septembre 1992, 'L'indice des prix rajeunit', Philippe Plassart, 26 février 1993, 'Les systèmes légers mieux subventionnés', Franck Bouaziz, 21 janvier 1994; *Le Nouvel Observateur* for 'Hypermarchés, rayon carrières', Francine Rivaud, 16/22 janvier 1992, 'Le Bi-Bop fait son entrée dans Paris', Natacha Tatu, 22/28 avril 1993, and 'Des puces contre la liberté', Fabien Gruhier, 26 août/1er septembre 1993; *Ouest-France* for 'La Bretagne prépare sa copie', Didier Gourin, 6 mai 1992, 'La campagne pour le "Made in France"', Marc Pennec, 17 septembre 1993 and 'La route des estuaires reste une priorité', Didier Eugène, 22 septembre 1993; *Le Point* for 'Halte au catastrophisme!', Christine Delavennat, 14 novembre 1992, 'La galère d'un petit patron de l'ANPE', Patrick Coquidé, 31 décembre 1992 and 'Le "jetable" prend la pose', Emmanuel Vaillant, 18 décembre 1993

The author and publishers would also like to thank the following for permission to use illustrative material: Jean-Pierre Défail for 'les appareils photos jetables' (p. 43); *L'Expansion* for 'Allain Mallart et son équipe' (p. 10); *Le Nouvel Economiste* for 'Le barrage d'Emosson' (p. 83) and 'Marcel Roulet' (p. 113); Rosy for the use of all cartoons; Sygma Ltd for 'Jean-René Fourtou' (p. 118).